JN037541

指導から評価まですべてが分かる！

新学習指導要領

小学校図工
テッパン題材モデル

低 学年

竹井　史・中村僚志 監修

長坂博子・竹井　史 編著

愛知県造形教育研究会 著

明治図書

はじめに

　今回の学習指導要領改訂で図画工作の資質・能力が明確に示されたことは，教科のあり方を考える上で大きな意味のあることです。「要領」において，図画工作科は，表現や鑑賞の活動を通して「造形的な見方・考え方を働かせ，生活や社会の中の形や色などと豊かに関わる資質・能力」として位置づけられました。

　「造形的な見方・考え方」には，「知性と感性の両方を働かせて対象や事象を捉えること」が必要であるとされています。これまでの教育研究から明らかなように「感性」とは，本来，身の回りの世界を感じる受け身の能力ではなく，五感を通して自分にとって大切な情報を取捨選択し，かけがえのない自分らしさを創り上げていく主体的な能力をいいます。この感性を働かせて自分らしさを創り上げていくプロセスによって，生きた知性が身に付きます。その意味において感性は，確かな知性を支える土台であるということがいえます。

　他方，造形的な見方・考え方を働かせる対象として，「生活や社会の中の形や色など」が挙げられていますが，ここから図画工作科は「形や色」だけにコミットすればよいという誤解も生まれます。これまで図画工作科で大切にされてきた感覚には，視覚に加えて触覚の要素があったからです。図画工作科では，感性を働かせ，生活や社会の中の視覚や触覚に関わる対象と豊かに関わる資質・能力を明確にしなければならないでしょう。

　本シリーズは，新学習指導要領に準拠しつつ，実践研究を進めてきた愛知県造形教育研究会の成果を「鉄板題材」集としてまとめたものです。個々の題材においては，定番の教科書題材を取り上げながら，実践者の個性が生かされ，等身大で進められる授業の環境づくりや進め方，言葉かけなどのアドバイス，評価等について具体的に示しています。本文中の評価に関しては，授業者のねらいに合うように自由に書き込める「評価シート」も掲載しましたので大いにご活用ください。また，掲載した題材には授業実施学年を記していますが，異学年でも，ねらいに合わせて弾力的に活用していただければと思います。

　本題材集が，新学習指導要領を背景とした授業の実施に悩む先生方の参考になり，楽しく実りのある図画工作の授業を実施する手助けになれば，これに勝る喜びはありません。

　最後になりましたが，本書の企画段階から出版に至るまで粘り強く支えて頂きました，明治図書出版編集部の木村悠さまはじめ，編集部の皆様に心より御礼を申し上げます。

2020年4月

監修者

目　次

はじめに　　3

第1章　思いを表現できる力をつける！授業づくりのポイント

新学習指導要領図画工作編解説～第1学年及び第2学年の目標と〔共通事項〕～　　8

各巻の実践と学習指導要領との関連～低学年～　　9

はじめての図工をどう進めるか～幼・小の接続の観点から～　　10

小学校6年間での図画工作科の学びを考える　　12

評価シート　　16

第2章　指導から評価まですべてが分かる！テッパン題材モデル27

絵画　1年　❶どんどんつくるのは　たのしいな　　18

❷わたしのスペシャルごはん　　22

❸ひんやりとろっときもちいい　　26

❹みて　みて　おはなし　「あなのなかには…」をよんで　　30

2年　❺たけのこ　にょきにょき～五感を感じて～　　34

❻絵のぐさん　こんにちは～初めての水彩絵の具指導～　　38

❼紙はん画～馬のサクラ～　　42

❽うごきだせ　大すきな　生きものたち～版画～　　46

立体　1年　❾おって　たてたら～ひらめきを引き出す見立て活動を通して～　　50

2年　❿ねん土であそぼう！～わたしたちのドリームランドへようこそ～　　54

⓫ちぎって　こねて　はりつけて　ねん土でできるよ　自分だけの　大すきな　きょうりゅう～粘土における自分だけの恐竜づくり～　　58

工作　1年　⓬くいず，このどうぶつなんでしょう？　　62

⓭はこからとびだす!?　　66

⓮イメージをふくらませてつくろう　あそぼう　かんじよう　～友人と関わり合いながら町づくりを楽しむ～　　70

⓯ぼく・わたしの　わくわく　おさかなランド　　74

2年 ⑯ ぼうしをかぶって　78

⑰ すみ・木のみリース　82

⑱ ぷくぷくさかな　86

⑲ 切って　えらんで　くっつけて！　ひかる　こん虫ワールド　90

造形遊び **1年** ⑳ いろいろ　ならべて　つんで　カラフルキャップ　94

㉑ ころころぺったん〜あれもこれもうつしてあそぼう〜　98

2年 ㉒ 見つけよう！色いろ〜色水遊び〜　102

㉓ 土って気もちいい〜砂場が大変身！〜　106

鑑　　賞 **1年** ㉔ はじめてのてんらんかい〜きれいな色・おもしろい形をたくさん見つけよう〜　110

絵　　画 **特別支援** ㉕ リノリウム板を利用した多色刷り　114

立　　体 **特別支援** ㉖ かみぐるみをつくろう　118

工　　作 **特別支援** ㉗ できたよ，とばすよ，みんなで GO！〜筒を利用したリサイクル工作〜　122

おわりに　126

執筆者一覧　127

第1章

思いを表現できる力をつける！授業づくりのポイント

1 第1学年及び第2学年の目標

　新学習指導要領図画工作編解説の目標は，児童の発達の特性などを考慮して，2学年ごとにまとめて示されており，具体的な指導を考える際のよりどころとなります。

　表現及び鑑賞の活動を通して，造形的な見方・考え方を働かせ，生活や社会の中の形や色などと豊かに関わる資質・能力を次の通り育成することを目指します。

　なお，造形的な見方・考え方とは，「感性や想像力を働かせ，対象や事象を，形や色などの造形的な視点で捉え，自分のイメージをもちながら意味や価値をつくりだすこと」であると考えられます。

---

(1)　対象や事象を捉える造形的な視点について自分の感覚や行為を通して気付くとともに，手や体全体の感覚などを働かせ材料や用具を使い，表し方などを工夫して，創造的につくったり表したりすることができるようにする。…知識及び技能

(2)　造形的な面白さや楽しさ，表したいこと，表し方などについて考え，楽しく発想や構想をしたり，身の回りの作品などから自分の見方や感じ方を広げたりすることができるようにする。…思考力，判断力，表現力等

(3)　楽しく表現したり鑑賞したりする活動に取り組み，つくりだす喜びを味わうとともに，形や色などに関わり楽しい生活を創造しようとする態度を養う。

…学びに向かう力，人間性等

---

2 第1学年及び第2学年の〔共通事項〕

　下記の〔共通事項〕の内容は，第1学年及び第2学年の目標(1)，(2)，(3)を受けたものです。〔共通事項〕は，表現及び鑑賞の活動の中で，共通に必要となる資質・能力であり，造形活動や鑑賞活動を豊かにするための指導事項として示しています。

---

(1)　「A 表現」及び「B 鑑賞」の指導を通して，次の事項を身に付けることができるよう指導する。

　　ア　自分の感覚や行為を通して，形や色などに気付くこと。…知識

　　イ　形や色などを基に，自分のイメージをもつこと。…思考力，判断力，表現力等

　〔共通事項〕の指導事項は，「A 表現」及び「B 鑑賞」の指導を通して，「知識」，「思考力，判断力，表現力等」を育成することになり，そのことは，「A 表現」及び「B 鑑賞」における「技能」や「思考力，判断力，表現力等」の育成につながります。

各巻の実践と学習指導要領との関連 ～低学年～

1 「A表現」⑴⑵ア 造形遊びをする活動 「B鑑賞」⑴ア〔共通事項〕アイ

　低学年の造形遊びをする活動では，発想や構想をすることと，技能を働かせることが密接につながっているため，児童が思いついたことをすぐに試すことができる環境を用意することが重要です。また，手だけではなく，腕を動かしたときの感覚，見上げたときの感覚など身体全体の感覚を働かせ，身近で扱いやすい多くの材料に触れながら，それらを扱う楽しさやおもしろさを味わえることが大切です。

　「20　いろいろ　ならべて　つんで　カラフルキャップ」（P94）では，ペットボトルという身近な材料でありながら，14色というカラフルな色と段ボールいっぱいの量で児童の意欲をかき立てます。「材料と慣れ親しむ」「見通しをもつ」「構想」「表現」「鑑賞」という流れの中で，材料の手軽さと色を生かしながら，児童は夢中になってキャップを並べたり積んだりしています。

　「23　土って気もちいい」（P106）では，児童たちが，砂や土の手触りや色の違いに気付き，それらの生かし方を思考しながら活動しています。また，草や木の枝，水など多くの材料と触れ合いながら，友人と力を合わせるダイナミックな活動となっています。児童たちは，砂山の穴の中に入ったりカラフルな山に座ったりしながら造形活動を楽しんでいます。

2 「A表現」⑴⑵イ 絵や立体，工作に表す活動 「B鑑賞」⑴ア〔共通事項〕アイ

　低学年であっても，感じたことや思ったことなどを，話したり聞いたりする言語活動を充実させることが重要です。また，低学年では，表現と鑑賞が分けにくい時期の児童の特徴を考慮し，「A表現」「B鑑賞」の指導については，相互の関連を図るようにする必要があります。

　「14　イメージをふくらませてつくろう　あそぼう　かんじよう」（P70）では，「個人でつくる」「鑑賞する」「仲間とつくる」を連鎖させて，児童たちの主体的な活動を生み出しています。製作途中の鑑賞は，自由におしゃべりしながら友人の作品を見て回ることで，気付きが多く生まれました。一人ひとりの家を持ち寄り町にした鑑賞では，自分の分身人形を持って作品の中で遊ぶことで，作者の思いや製作の工夫に気付いています。

　「12　くいず，このどうぶつなんでしょう？」（P62）では，教師が提示した「ふわふわ」「おしゃれ」等の「様子を表す言葉」とつくりたい動物を組み合わせ，「ふわふわなうさぎ」「おしゃれなきりん」と，自分のイメージを言葉からもつことができました。また，クイズ形式の作品鑑賞会を設定したことで，友人に当ててもらえることの喜びと製作に対する達成感を，児童は味わっています。クイズを当てる児童は，色，形，手触り，見た目といった造形的な視点で作品を鑑賞することができました。

　「4　みて　みて　おはなし　『あなのなかには…』をよんで」（P30）での本の感想画ではダイナミックさや画面構成を工夫させるために，かいた絵を切り，色画用紙に貼りつけることで，試行錯誤のできる題材の工夫をしています。

（長坂　博子）

はじめての図工をどう進めるか ～幼・小の接続の観点から～

1　表現活動の原点

　何かうれしいことやおもしろいこと，いいことを思いついたとき，素敵なものを見たとき，私たちは家族や友人に話をしたり，メモをしたり，写真に撮ったりする経験は誰しもがもっています。これらの表現したい気持ちは，児童も同じでしょう。散歩の途中できれいな石ころを見つけたとき，珍しい生き物を見つけたときなど，歓声を上げながら友達や先生，親に伝えようとすることはよく見られます。児童は，こうした経験を積み重ねていき，大人に適切に受け止められることで次第に自分の意思で自分の思いを表していくことを学びます。これらの行為が表現活動の原点といえます。

2　幼児期と学童期における造形活動の違い

　幼稚園教育要領等において，育つことが期待される生きる力の基礎として，健康，人間関係，環境，言葉，表現の5つの領域が示されています。「表現」はその1つに位置づけられています。表現活動には，言語表現，身体表現，音楽表現，造形表現などが考えられますが，造形表現はその一領域といえます。幼児教育では，これらの児童の日常生活の関心事から，楽しみながら多様に表現する姿を丸ごと受け止め，総合的な成長を考えることが目指されています。この成長を支える活動が，幼児教育では「遊び」と位置づけられています。幼児教育における「遊び」は，娯楽やレジャーといった一般的なニュアンスではなく，すべての学びを支える重要な活動と考えられています。幼児の遊びを丁寧に観察すれば，そこに様々な教科に通じる学びの過程があることに気付かされます。

　一方，小学校での表現領域は，図画工作科や音楽科，国語科，体育科など様々な教科を通じて学習していきます。幼児期の場合と異なるのは，それぞれの教科には教科の内容や目的があり，それらの観点から外れたものは，他の教科の課題として取り扱われてしまいがちなことです。そのことが，幼児教育における表現の考え方とのズレを生む要因になります。図画工作科では，表現や鑑賞の活動を通じて色や形に関わる造形的な見方・考え方を働かせ，生活や社会の中で色や形と豊かに関わることが目的となります。評価についても教科の目標に合わせて，児童の色や形に関わる資質・能力がどのように育ったかということに評価の関心が向けられ，それ以外の資質・能力が表れたとしてもその対象にならないこともあります。児童にしてみれば，これまで先生が受け止めてくれていた「こと」や「もの」がそうでなくなるため，「どうして？」と疑問に思ってしまう児童も多くなります。

　さらに，教科指導は「題材（名）」から始められますが，幼児教育の場合は，先述したように，それに先立つ子供たちの日常的な遊びがベースになって，結果として様々な表現活動に広がっていくことが多く，ここでも違和感の要因になります。

3 　接続をスムーズに進めるために

　このように，幼児期から学童期における校種では表現活動の取り扱われ方には大きな違いがあり，小1プロブレムの一因ともいえます。小学校低学年の図画工作を進める場合，児童にどのように関わり，進めればよいのでしょうか。

①色や形で表すことの楽しさや表現する必然性を高めよう

　まず，何よりも，造形表現活動の原点に立ち返り，造形表現することの意義や楽しさを明確にした指導を進めることが大切です。具体的には，題材を示す前に，色や形の楽しさを存分に味わえるような題材や，色や形でこそ表現したい思いをいかに高めることができるかの手立てが重要な観点となります。例えば，抵抗感なく連続的にできるスクリブル遊びやスタンピング遊びや色水遊びなどはその入り口として好適です。また，色と形に関わる体験や経験からどうしてもその色やその形で表現したいという思いを盛り上げながら題材につなげていくことはとても有効な手立てでしょう。

②子供の表現を丸ごと受け止めよう

　幼児の表現は，色や形で表現されているとはいえ，その表現を通じたたくさんの物語が込められています。小学校低学年の子供は，造形表現を通じて広がる様々なお話を表現しているとの認識が必要でしょう。一本の線や丸やそこに塗られた色をきっかけに子供たちの表現したい様々な思いを受け止めることができれば，それらの表現の世界はどんどん広がっていくことが予想されます。評価の観点はもちろん大切ですが，それに気を取られてしまうことなく，子供たちが最も言いたかった思いを受け止めることを大切にしましょう。

③「感性」を育てることに着目する

　以上のような観点を大切にしながら，それぞれの校種の目標部分で共通に大切にされている「感性」に着目することはとても重要です。幼稚園教育要領においては，「感じたことや考えたことを自分なりに表現することを通して，豊かな感性や表現する力を養い，創造性を豊かにする」と記され，小学校学習指導要領の図画工作科において，造形的な見方・考え方とは，「感性や想像力を働かせ，対象や事象を，形や色などの造形的な視点で捉え，自分のイメージをもちながら意味や価値をつくりだすこと」（同解説）と捉えられています。

　「感性」は，五感を通じて育成されますが，それは受け身の能力ではなく，自らにとって必要な情報を選択的に取り込み，かけがえのない自分の世界を構築する主体的な能力といえます。さらに，感性が働かされることで知性が育まれていくという意味で，感性は，知性育成のためのベースといえます。児童の造形表現活動は，その意味で児童の確かな知性を支えるためのとりわけ重要な活動であるという認識が必要といえます。

（竹井　史）

小学校6年間での図画工作科の学びを考える

❶ 小学校低学年の学び

　4月の始業式後間もないある晴れた日に，小学2年生の子供たちと，「春を見つけにいこう」と，教室を飛び出しました。学校の敷地内を，キョロキョロしながら歩き回ったり，ある場所にしゃがみ込んで，じっと何かに見入っている姿が見られました。そんな子供たちが教室に戻って，それぞれ見つけてきた春についてかいた学習記録の1つです。

　　わたしは，春の色をみつけました。まん中に黄色があって花びらがみず色のもあるし，まん中がビーズみたいなむらさきで花びらは，はっぱみたいな花もあるし，白や黄色，みどりをみつけました。春の色は，やさしい色なのできれいだと思います。

（小学2年生　児童Aの学習記録）

　児童Aは，「春の色は，やさしい色なのできれいだと思います」と，春を見つけにいって花の色の美しさに着目して，感性を働かせながら「やさしい色」と花びらの美しさを感じていることが分かります。また，「まん中に黄色があって」と，一つひとつの花びらをじっくり見つめて色の変化をしっかりと捉えていることもうかがえます。

　児童Aの見方・考え方は，まさに造形的な見方・考え方だと思います。この造形的な見方・考え方とは，「感性や想像力を働かせ，対象や事象を，形や色などの造形的な視点で捉え，自分のイメージをもちながら意味や価値をつくりだすこと」です。私たち教師は，児童に，どのようにして造形的な見方・考え方を養い，それを働かせて表現及び鑑賞活動に取り組ませるかを考え，実践していくことが大切だと思います。

　例えば，低学年の児童は，感性が大変豊かですが，それが自覚されていないことがあります。そこで，私たちは，自覚させるために，先の児童Aに対して，「Aさんは，花の色をしっかり見て，やさしい色だから，それを春の色って思ったんだね。素敵な春を見つけたね」と，言葉をかけたり朱がきをかいたりします。こうした教師の日々の積み重ねで，児童の感性は養われていくと思います。

　もう1つ，小学2年生の実践を紹介します。普段の学校生活で，休み時間に折り紙を折ることが流行っていました。そんな子供たちに，立体でつくることの楽しさを味わってほしいと願って，図画工作科で粘土を扱って生き物をつくることにしました。そんな中，児童Bの日記に目が留まりました。休日に家族で動物園に出かけたときのことをかいています。

今日東山どうぶつえんへいってきました。そこでわたしがおもったのは，<u>やっぱりりったいてきだなーと思いました。</u>おりがみや，ぬのでつくるのは，だいたいぺちゃんこです。でも，ほんものはふっくらしていて，ぺちゃんこじゃありません。おりがみなどでも，ぺちゃんこじゃなくて，ふっくらのものをつくれるのかな？とおもいました。

（小学2年生　児童Bの生活日記）

児童Bは，粘土の授業を進める中で，立体的につくるおもしろさや楽しさを感じていました。そうしたことが，「やっぱりりったいてきだなーと思いました」と，本物の動物を見て，その形へ着目しながら対象を捉えていることが分かります。そして，折り紙でどうしたら立体的につくることができるのか考えています。図画工作科で養われた形に対する見方・考え方で身の回りにある対象を改めて見つめ直しています。ここにも，図画工作科で求める児童の姿があります。

小学校低学年の児童が成長していく中で，図画工作科で身に付けさせたいのは，まずは，造形的な見方・考え方を養うことだと思います。そして，小学校学習指導要領図画工作の目標に，「表現及び鑑賞の活動を通して，造形的な見方・考え方を働かせ…」と示されていますが，低学年から培われた造形的な見方・考え方を土台にしていくことで，6年間の図画工作科が求める児童の姿が具現化されていくのではないでしょうか。

2　小学校中学年の学び

造形的な見方・考え方が養われた低学年の児童。それを働かせた表現及び鑑賞の活動を通して，低学年で求める資質や能力が育ってきて，小学校の中学年期へ差しかかります。

中学年の児童は，培われた造形的な見方・考え方を使って，豊かに発想や構想をするようになります。

次に，小学4年生の児童Cの学習記録です。授業では発泡スチロールを使って，夢の中の世界をつくる題材でした。材料である発泡スチロールを手にしたら，「早くつくりたい」という声が出てきました。そんなときにかいた記録です。

今日は，発泡スチロールでくふうしたことがあります。それは，私は，おかしの家をつくることにしました。<u>くふうしたことは，</u>ふつうの家とはちがう家にしました。どこがちがうかというと，やねには，おかし，家具をおかしにすることにします。<u>くふうしたいことは，</u>まっ白ではなく色や，いろいろなことをしたいです。おかしのいえが早くできないか楽しみでしょうがないです。

（小学4年　児童Cの学習記録）

「くふうしたことは」「くふうしたいことは」と，表したいこと，表し方などについて考え，豊かに発想や構想していることがうかがえます。そして，発想や構想したことが作品として形にするためには，様々な道具が使えるようにならなくてはいけません。教師は，必要と思われる道具や材料を準備して，正しい使い方や用途に合った選択ができるように，練習の場等を設定していくとよいと思います。

　もう１つ，この時期の子供たちの特徴として，「見たものを見た通りにかきたい」「リアルにかきたい」など，写実的な表現がしたいという造形的な見方・考え方をする児童が多いことがあります。休み時間になると，アニメのキャラクターをノートにかいてみたり，写実的にかきたいけれどうまくかけなくて自分は絵をかくことが苦手だと言ったりしている児童の姿が見られると思います。この時期に，絵をかくことが苦手だと思い込んでしまう子供たちは，その後もずっとその意識をもったまま，図画工作科や美術科の授業が楽しくなくなる可能性があります。私たちは，児童の発想や構想を大切にしていくとともに，表したいことが作品として形になるように必要な技能や知識を教えていくことが大切だと思います。

❸　小学校高学年の学び

　高学年になると，表現活動において思いや願いを強くもって取り組むようになります。また，鑑賞によって，仲間の作品のよさを感じたり，よりよい表現にするためのアドバイス等に耳を傾けるようになります。

　小学５年生の実践を紹介します。体育科の授業や休み時間を使って，ダブルダッチに夢中になっていた子供たち。そんな子供たちに，跳んだり縄を回したりしている一瞬の姿を表現させたいと願い製作を行いました。児童Ｄは縄を回す役になり，いつも仲間が跳びやすいようにと考えながら懸命に取り組んでいました。児童Ｄの写実的に表現することによさを感じながら製作を終えたときの振り返りです。

　ぼくは，絵が完成して思ったことがあります。それは，地面がうまく遠近感が使えていることです。とおくに行くにつれてくらくしていきました。そして，ぼくは，この絵で気持ちをこめてかいたので，しんけんにやっている思いが出ていていいと思いました。

（小学５年生　児童Ｄの学習記録）

　児童Ｄは，「地面がうまく遠近感が使えている」と，遠近感を出すために，これまでに身に付けた遠近感を表現するための色の組み合わせという知識・技能を生かして製作してきたことが分かります。また，腰をしっかりと落として踏ん張っている形や人物の陰影にも着目しています。高学年らしい描写であり，「しんけんにやっている思いが出ていていいと思いました」と，自分の絵に込めた思いが表現できたことに満足していることも感じます。

「こんな風にかきたい」と思いをもち，それを具現化して作品を見る人にも伝わるようにと，形や色，構成の美しさなどを考えながら，主題を表すことができるようになってきます。

こうした傾向は6年生になるとさらに強くなります。製作中の集中力が高まっているので，もくもくと取り組む様子も見られます。高学年の授業で大切なことは，製作に入る前に，一人ひとりの子供たちに，どれだけ思いをもたせるかだと思います。そのためには，夢中になって取り組んできたことや大切にしてきた人・もの・ことなどを題材として扱うことが必要になってきます。

真剣な思いを表現した作品

④　おわりに

　図画工作科の授業は，児童にとって「楽しみ」「好き」な教科です。生涯にわたって表現及び鑑賞することで，豊かな生活を創造していくことができます。その礎となるのが，小学校での学びだと思います。私たち教師は，子供たち一人ひとりに寄り添いながら，願いをかけます。そして，その願いを具現化するために教材を模索し，手立てを講じて，児童を支え続けていきます。そんな日々の営みが，これからの時代をたくましく，豊かに生きていく児童を育てることにつながると思います。

（中村　僚志）

題材名：

年　　組　　番　氏名

評価項目	評価場面	評価規準	評価
知識・技能			
思考・判断・表現			
主体的に学習に取り組む態度			

【備考】

題材名：

年　　組　　番　氏名

評価項目	評価場面	評価規準	評価
知識・技能			
思考・判断・表現			
主体的に学習に取り組む態度			

【備考】

第2章

指導から
評価まで
すべてが分かる！
テッパン題材
モデル27

❶ どんどんつくるのは　たのしいな

題材の紹介

クラス目標や自己紹介などに使うこともできる。教科書では，児童に身近な「太陽」「好きなもの」を題材にしているが，児童の思いをのびのびと表現できる題材をクラスの実態に合わせて選ぶとよい。小学校に入学して，初めての図画工作の題材。

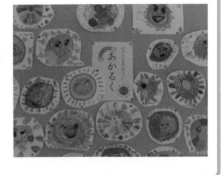

8時間完了

1　目　標

・クレヨン・パスや色紙を使いながら，自分のイメージに合ったものを，好きな形や色で表し方を工夫してかいたり，切ったりすることができる。　　　　　　　　（知識及び技能）

・自分の表したいものを表すために，好きな色を選んだり，好きなおもしろい形を考えたりすることができる。　　　　　　　　　　　　　　　　　　（思考力，判断力，表現力等）

・ただのお絵かきだけに終わらせずに，自分のお気に入りの作品としての仕上がりを楽しむことができる。　　　　　　　　　　　　　　　　　　　（学びに向かう力，人間性等）

2　準備物等

〈おひさま　にこにこ〉

教師：八ツ切画用紙（今回は，学級目標用に掲示しようと考えているので，全員の作品が掲示できるような大きさが適当）

児童：クレヨン・パス（滑らかにかくことができ，低学年に向いている。クレヨンは線描，パスは色を混ぜやすく，描画に適している）

〈すきなもの　なあに〉

教師：八ツ切画用紙

児童：段ボール（事前に家庭で，段ボールを準備してもらう。20×30cm 程度の大きさで，好きな形に切ってきてもらう）

紐（額縁用の紐。毛糸やプレゼント用のリボンなど。丁度よい長さに切ってきてもらう）

はさみ，のり，クレヨン・パス

③ 評価シート　どんどんつくるのは　たのしいな

評価項目	評価場面	評価規準	評価
知識・技能	⑦⑨	クレヨン・パスや色紙を使いながら，自分のイメージに合ったものを，好きな形や色で表し方を工夫してかいたり，切ったりできる。	
思考・判断・表現	⑧	自分の表したいものを表すために，好きな色を選んだり，好きなおもしろい形を考えられる。	
主体的に学習に取り組む態度	⑩	自分のお気に入りの作品としての仕上がりを楽しもうとしている。	

授業づくりのアドバイス

　4月に入学し，初めてクレヨンを使ってかいたのは，生活科の校庭探検で見つけた「チューリップ」でした。しっかりとクレヨンを手に持って，力強く濃く線をかいたり，色を塗ったりすることを学習しました。学校生活にまだ慣れていない児童にとっては，何もかもが新鮮です。幼稚園や保育園でかくことを楽しんだときの感覚を大切にし，思いのままにかくことを楽しむことを大切にしたいものです。

　本題材では，身近な「おひさま」「すきなもの」をテーマにすることにしました。この時期の児童の発達特性から，自分に身近なものを表すことにより，児童の意欲が高まり，夢中になって絵をかいたり，紙でつくったりすると考えられます。好きな色を選んだり，色々な模様を考えたりしながら表すことを通して，発想や構想，創造的な技能を身に付けさせられると思います。

　児童一人ひとりの特性が表れるような指導の方法を工夫し，形や色などを捉えたり，イメージをもつ瞬間を大切にしながら授業を進めてください。色々な発想を認め合うことができるように，友人の工夫しているところを紹介したり，どんな色が好きかを問いかけたりしながら，イメージを広げさせます。また，展示の方法を工夫し，友人同士や保護者との関わりの場として活用してもよいでしょう。

4 指導過程

① 参考作品を見て，好きな色やおもしろい形を話し合おう　（イメージづくり）

・「おひさま」の色が渦巻きみたいになっているね

・周りの飾りは丸い形になっているよ

・にこにこ笑顔をしているよ

② 自分がなりたいと思う「おひさま」を考えよう　（かきたいおひさまを考える）

・楽しそうに笑っている「おひさま」がいいな

・元気な「おひさま」にしたいな

・おしゃべりなおひさまがいいよ

③ 「おひさま」の色や形を工夫してかこう　（構想）

・好きな赤色の「おひさま」にするよ

・渦巻き模様に色を塗るよ

・色々な色で塗ろうかな

④ 「おひさま」の周りの模様を工夫してかこう　（構想）

・ぎざぎざ模様でかくよ

・丸やハートの形で飾ろうかな

・虹色にするよ

⑤ みんなの作品を見てみよう　（鑑賞）

・色々な色が使ってあって，とてもにぎやかな感じがするね

・にっこりと笑っていて，楽しそうだね

・周りの飾りが丸くて，元気に動いているみたいだよ

⮕指導ポイント①

・参考作品や教科書の作品を見て「おひさま」の形や色の違いを見つける

・形や色だけでなく，「おひさま」がどんな様子なのか，どんな感じなのかにも気付かせる

⮕指導ポイント②

・学級目標として掲示するため，自分を「おひさま」に見立ててイメージをもたせるようにする

・自分がなりたいと思うイメージにぴったりな「おひさま」を考えさせる

⮕指導ポイント③④

・参考作品を見ながら色や形，周りの模様について説明する

・色や形，周りの模様を分類し，児童に分かりやすく板書する

・色や形，線や面の塗り方をそれぞれの児童が決めながら，一斉に作品を仕上げていく

・机間指導をしながら，工夫している児童の作品を取り上げて紹介する

⮕指導ポイント⑤

・全員の作品を黒板に掲示し，「こんな「おひさま」がいっぱいの明るいクラスになるといいね」と児童に話して授業を終えるとよい

・鑑賞が終わったら，背面などにクラス目標とともに「おひさま」の絵を通年掲示とし，クラスや学年の連帯感をもたせることにつなげるとよい

⑥ 自分の自己紹介を兼ねながら，自分の好きなものを紹介しよう　（イメージづくり）

・私の好きなものはりんごです
・ぼくの好きなものは車です
・私はうさぎが好きです

⑦ 自分が好きなものをかこう
　　　　　　　　（好きなものをかく）

・私は，りんごとバナナとメロンが好きです
・ぼくは乗り物が好きなので，車と飛行機をかこうかな
・私はトロフィーがほしいです
・好きなものはアイスです

⑧ 額縁にお気に入りの飾りをかこう
（段ボールの額縁に自分のイメージに合うような飾りや模様をかく）

・ギザギザ模様にするよ
・私はピアノが好きだから，周りに音符の飾りをかくよ
・色を交互に塗るときれいだな
・色々な色を使うと楽しい感じになるよ

⑨ 好きなものを切って，額縁に貼ろう
（好きなものをはさみで切って，段ボール額縁に配置を考えて貼る）

・好きなものを順番に貼るよ
・一番好きなものを真ん中に貼ろう
・空いているところに，好きなものを貼ろうかな

⑩ みんなの作品を飾ろう　　　　（鑑賞）

・好きなものでいっぱいになったね
・好きなものが，楽しくつくれたね
・友達の好きなものと同じだったよ

⯈指導ポイント⑥
・好きなものは，食べ物や動物，乗り物昆虫など，思いつくままに発表させる

⯈指導ポイント⑦
・八ツ切画用紙に好きなものを大きく３つ程度かかせる
・教師がかいたものを提示し，よりはっきりとイメージをもたせる
（例えば，りんごなら実は赤色，へたの部分は茶色，葉は緑色とそのものにぴったりな色を選ぶようにさせる）

⯈指導ポイント⑧
・白色のクレヨンを使って模様をかかせた後に，白色の線を重ならないように好きな色を塗らせる
・途中で工夫されている作品を紹介する

⯈指導ポイント⑨
・好きなものが見る人に分かりやすく伝わるように，貼り方を工夫させる

⯈指導ポイント⑩
・廊下に全員の作品を掲示することで，他学年の児童や保護者にも見てもらう

自分のイメージに合わせて

（渡邉　薫）

絵画
立体
工作
造形遊び
鑑賞

❷ わたしのスペシャルごはん

題材の紹介

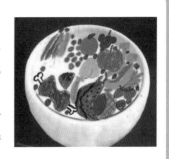

　図画工作科では製作の際，イメージがわかず「何をかいたらよいのか分からない」という発想・構想段階での問題はとてもよく見られることである。

　本題材は，児童が好きで，生活経験を伴う「食べ物」を教材にした題材児童の発想・構想を広げることを目的としたものである。

　食べ物や食べることは，児童の生活と密接に関連しており，発想・構想段階での問題に解決の糸口を与えるものではないかと考えられる。

　本題材では，児童の好きな「どんぶり」と「ピザ」の土台を自由に選択し，自分だけのスペシャルごはんをつくる教材である。現実のピザやどんぶりの製作だけでなく，「こんなピザがあったらいいな」や「こんなどんぶりおいしそうだな，食べてみたいな」と想像の世界をふくらませて表現する題材。　　　　　　　　　　　　　　　　**2時間完了**

1　目　標

・これまでの経験や想像しながら自分の表現したいピザやどんぶりを思いえがくことができる。

（知識及び技能）

・どんなごはんにしたいか思いついたごはんの絵をパスで工夫してかくことができる。

（思考力，判断力，表現力等）

・自分や友達の作品のよいところを見つけることができる。　　　（学びに向かう力，人間性等）

2　準備物等

教師：画用紙（ピザまたはどんぶりの写真または絵をできればカラー印刷したもの）

　　　　ワークシート使用も可

　　　　参考作品

児童：新聞紙（作業で汚れないよう下に敷く），クレヨン・パス等（必要に応じて水性ペン等）

③ 評価シート　私のスペシャルごはん

評価項目	評価場面	評価規準	評価
知識・技能	①②	これまでの経験や想像しながら自分の表現したいピザやどんぶりを思いえがける。	
思考・判断・表現	③	思いついたごはんの絵をパスなどで工夫してかくことができる。	
主体的に学習に取り組む態度	④	自分や友達の作品のよいところを見つけようとしている。	

授業づくりのアドバイス

　本題材は，「食べ物」を教材にした題材です。「食べること」は私たちの生活にはなくてはならないものです。私が小学生や中学生ころの学校生活を思い出しても，「給食」の時間は毎日の楽しい時間の１つでした。友人と話をしながら給食を食べることも楽しかったですが，何より毎日変わる献立にわくわくし，「今日はパンかな，ごはんかな」「デザートは付いているかな」「お肉だったらいいな」などと考え，朝から食べることが楽しみでした。それは子供たちにとっても同じでしょう。しかし，小学生といえば好き嫌いも多いと考えます。「魚がどうしても食べられない」や「ピーマンが苦手」という児童もいます。また，アレルギーの問題もあります。ですが，そのような児童にとっても「好きな食べ物」は存在すると考えます。

　本実践では，20分ほどで，２枚目をかきたいという児童が出てきて，最終的にはほぼ全員が２枚目に進みました。「どんな食べ物が好き？」と声をかけることで，すべての児童が自分だけのスペシャルごはんをつくることができました。児童の生活経験をもとにたくさんのアイディアが出た楽しい実践なので，ぜひやってみてください。

① どんなごはんをつくろうか？ （導入）

・おやつどんぶり！？

・サラミのピザ！ この前食べた！

・サラミにチョコをのせたらおいしいかな

・これおもしろそう！ やってみたい！

・もう１つもかきたい

・今度は違うどんぶりをつくりたい

○指導ポイント①

・ワークシートの児童のイメージが枯渇してしまうことがないよう導入部分で教師の参考作品を簡単に児童に提示し，本時の見通しをもちやすくする

・児童のイメージが本物の食べ物だけに偏りのないように，「本当にありそうなごはん」と「本当にはなさそうだけれども，あったらいいなと思えるようなごはん」の２種類を「どんぶり」と「ピザ」の両方で１点ずつ紹介する

土台が印刷されたシート：導入の様子

② どんなごはんにしようかな （構想）

・どんぶりにしよう

・ピザのほうがいいな

・両方かいてみたい

③ ごしごしかこう！ （表現）

・どんな具をのせようかな

・ハムはどうかけばいいかな

・どの色からかこうかな

・細かい具はペンでかこう

○指導ポイント②

・自分のつくってみたいご飯を考えてみよう

・「どんぶり」と「ピザ」から選ぶ

・「どちらを選んでもいいよ」「かきたいと思うほうを選んでね」などという声かけを行う

○指導ポイント③

・パスはしっかり持ち，ごしごしかく感じで絵をかく

・パス同士を混ぜて別の色をつくる混色，色を上から重ねる重色について説明し，パスの中にない色は混色でつくれることを伝える

④作品鑑賞　　　　　　　　　　（鑑賞）

・おいしそう

・おやつピザ食べたい

・○ちゃんのピザすごくきれいね

・○○ちゃんのスペシャルどんぶりから揚げ
　がたくさんでおいしそう

○指導ポイント④

・グループで作品を見せ合い，自分の作品の
　工夫したところなどを発表したり，友達の
　作品のよいところを見つけたりする

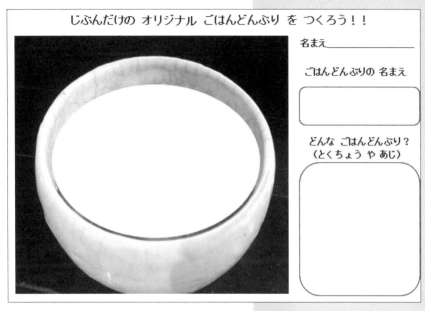

ワークシート
（どんぶり）
A3画用紙

ワークシート
（ピザ）
A3画用紙

（河村　春那）

❸ ひんやりとろっときもちいい

題材の紹介

　本題材では，液体粘土と水彩絵の具を混ぜてつくった絵の具（とろとろ絵の具）を，筆などの道具を使わずに指や手のひらで画面にかく活動を行う。指や手のひらを使ってかくことで，低学年の児童でも手を動かす勢いや強さの力加減がしやすい。指先でスタンピングをしたり，手のひらでと

ろとろ絵の具を伸ばしたりと，多様な表現ができる。また，道具を扱うときに起こる技能差が生じにくく，絵画表現が苦手な児童も熱中して取り組むことができる題材。**7時間完了**

1　目　標

・指や手のひらを動かす勢いや強さなどによってできる形の違い，絵の具の混ぜ具合による色の変化を生かした表現を様々に試すことができる。　　　　　　　　**（知識及び技能）**
・指や手のひらで思いのままにかいたり塗ったりしてできた色や形から見立てをすることで，発想を広げ，表したいものを思いついたり，多様な表現のおもしろさや色のよさに気付き，感じたことを伝え合ったりすることができる。　　　　　　　**（思考力，判断力，表現力等）**
・とろとろ絵の具を指や手のひらを使って，かいたり塗ったりする心地よさを感じながら，体を動かしてかく活動を楽しむことができる。　　　　　　　　**（学びに向かう力，人間性等）**

2　準備物等

教師：液体粘土，水彩絵の具（赤・青・黄）
　　　※ドレッシング容器に入れると使いやすい
　　　八ツ切色画用紙（色々な色），新聞紙，バケツ（手洗い用），付箋のワークシート，探検バッグ，カラーフラフープ，液体粘土を入れるトレーなどの容器（混色するときはカレー皿が使いやすい）
児童：汚れてもよい服装，のり，手拭き用の布巾，クレヨン・パス，色鉛筆

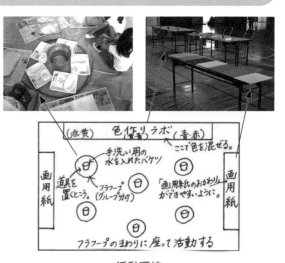

活動環境

3 評価シート　ひんやりとろっときもちいい

評価項目	評価場面	評価規準	評価
知識・技能	③	指や手のひらを使ってできる形の違いや絵の具の混ぜ具合による色の変化を様々に試すことができる。	
思考・判断・表現	⑤⑥	指や手のひらを使ってできた色や形から見立てをすることができる。	
	⑦	友人の作品から，多様な表現のおもしろさや色のよさに気付くことができる。	
主体的に学習に取り組む態度	④	絵の具を指や手のひらに付けて，かいたり塗ったりする心地よさを味わいながら，かく活動を楽しく取り組もうとしている。	

授業づくりのアドバイス

　本題材の一番の魅力は，どの児童も活動に夢中になれることです。直接とろとろ絵の具に触れる感覚は，児童の好きな泥遊びに似ていて，わくわくする楽しさやひんやりした心地よさを感じることができます。どろっとした粘り気は，手に付けたときに垂れにくいため，１年生の児童の活動に適しています。できたとろとろ絵の具はきれいなパステルカラーをしており，混色しても色が濁りにくいので，児童の活動意欲も持続しました。とろとろ絵の具でかく活動は，失敗することを怖がる児童の意欲をかき立て，多様な表現の仕方を試し，できた形や色から発想を広げることに最適な題材だといえます。児童が意欲的にのびのびと活動し，発想を広げていくことができるように，ロール紙や画用紙をつなげた状態から広げていくのもよいかもしれません。児童の自由な動きが多い活動であるために，実践する際には，活動の進め方や事前準備において以下３点を工夫しました。

・カラーフラフープによるグループ分け

　４人程度のグループごとに色分けした。フラフープを囲んで活動することで，互いに鑑賞しながら活動できる。手を洗うためのバケツや道具置き場と，活動スペースを区別できる。

・とろとろ絵の具をつくる際に使用する容器

　児童の手の大きさに合わせて，催し物用のカレー皿が一番使いやすかった。液体粘土に水彩絵の具を混ぜる際，ドレッシング容器に絵の具を入れて用いたことで，手が汚れにくかった。

・細やかな指導の徹底

　探検バッグの置き場，手を拭く布巾の使い方，「画用紙のおかわり」におけるのりづけの仕方，「色づくりラボ」における絵の具の調節の仕方，容器の片づけ方など。

4 指導過程

① とろとろ絵の具をつくってみたいな
（題材との出合い）

・ひんやり冷たくて気持ちいいな

・どろっとしていて変な感触だな

・液体粘土に混ぜる絵の具は，赤，青，黄から好きな色を１つ選ぶよ

・絵の具と液体粘土を混ぜると，色が変わっていってきれいだな

② とろとろ絵の具でかいてみたいな（指や手のひらの動かしてできる形を様々に試す）

・優しく「とんとん」指を置くと，水玉模様ができたよ

・「びゅーん」と速く手を動かすと，とろとろ絵の具が伸びたよ

・手を強く「ぎゅっ」と押すと，自分の手形ができたよ

・手を「ぐわあん」と大きく動かすと，大きく丸がかけるよ

・画面が足りなくなったから，のりで好きな方向に画用紙を継ぎ足すよ

③ とろとろ絵の具の色を混ぜてみたいな（「色づくりラボ」で，２色の絵の具を混ぜて新しい色をつくる）

・絵の具を混ぜていくと，色がだんだん変わっていくのがおもしろいね

・同じ色を混ぜたのに，友人とは少し違う色ができたよ

・黄色はたっぷりで，青色はちょっぴり入れてみよう

・色々な色がつくれるんだな

・前にかいた模様に重ねてかいてもいいね

・もっと色々試してみたいな

➡指導ポイント①

・一人ひとりがとろとろ絵の具づくりに熱中して活動できるようにするために，児童には１人１枚のトレーを用意する

・実演することによって児童の興味を引く

・とろとろ絵の具のとろっとした感触を味わわせるために，児童が実際に液体粘土と絵の具を混ぜる活動時間を十分に確保する

➡指導ポイント②

・手を動かす速さや画用紙に指を当てる強さを意識できるようにするために，指や手のひらの動きを言葉で表すオノマトペを使う

・画用紙がいっぱいになった児童のために，画用紙を継ぎ足す「画用紙のおかわり」を用意する

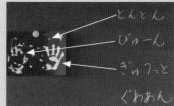

第１時オノマトペの板書

➡指導ポイント③

・友人と自分のとろとろ絵の具を見比べる場「色づくりラボ」を設け，混ぜる絵の具の分量による色の違いに気付けるようにする

つくった色で色々な形を試す様子

④ 好きな色，好きな形，もっと大きくかき
たいな（これまでの活動から，さらに表現
を広げる）

・手のひらや手の横でスタンプみたいにした
　いな
・手の色々な部分を使ってみたよ
・とろとろ絵の具が乾いていないうちに違う
　色を重ねると，画用紙の上で色が混ざって
　おもしろいよ
・友人のとろとろ絵の具も使ってみたいな
・色を変えるときには，バケツの水で手を洗
　うといいね
・どんどん画用紙をつなげていこう
・色や形が何かに見えてきたよ

⑤ 「何に見えるかなゲーム」をしよう
（思いついたことを友達と共有する）

・ぼくは，この丸がめがねみたいに見えたよ
・私には，ピンク色のうさぎさんに見えたよ
・色々な見方があっておもしろいな
・題名を「うさぎのおやこ」にしようかな

⑥ つけた題名に合う絵をかきたいな（表現）

・めがねの中に目をかきたいから，細いペン
　がかきやすそうだな
・パスで草をかいて，原っぱで遊ぶうさぎの
　親子にしよう
・色鉛筆で，細かい絵をかき加えたいな
・４コマ漫画のように物語を考えてみたよ

⑦ みんなと作品を見せ合いたいな （鑑賞）

・たくさんの色があってとてもきれいだな
・手だけで色々な形ができてすごいな
・できた模様が色々なものに見えておもしろ
　いな

⟳指導ポイント④
・次第に作品が広がっていくため，十分に活
　動スペースを確保する
・「色づくりラボ」と「画用紙のおかわり」
　ができるコーナーを設ける

⟳指導ポイント②③④
・おもしろい模様ができたり，色々な方法を
　試したりしている児童の作品を取り上げ
　て，学級全体で共有する

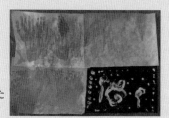

第４時が終わった
後の作品

⟳指導ポイント⑤
・見立てることが苦手な児童も発想を広げや
　すくなるように，少人数のグループで友人
　との関わり合いながらそれぞれの作品に題
　名をつける活動「何に見えるかなゲーム」
　を設ける
・色々な方向から作品を見ることで，どのよ
　うな見立てでも認め合えるようにする
・自分のつけた題名と友達からもらった題名
　が区別できるように，自分の作品は黄色，
　友達の作品は水色の付箋（おたからメモ）
　に題名をかくとよい

⟳指導ポイント⑥
・それぞれの思いを表現しやすくするために，
　思いついたことに合わせてクレヨン・パス，
　ペン類，色鉛筆などから描画材を選ぶよう
　にする

⟳指導ポイント⑦
・どういう作品なのか分からないところは本
　人に聞きながら鑑賞する　　　　（近田 彩）

④ みて　みて　おはなし 「あなのなかには…」をよんで

題材の紹介

　物語の印象に残っているものを大きくかいたり，たくさんの細かいものをかいたりするなど，児童によって物語の印象を絵に表す方法を工夫させたい。

　物語を聞いたり読んだりして好きな場面を想像を広げて表すことを楽しむ題材。　　　　　　　　　　6時間完了

1 目　標

・物語のかきたい場面の様子が分かるように，画面構成，表現の仕方を工夫して表すことができる。　　　　　　　　　　　　　　　　　　　　　　　　　　　　　（知識及び技能）

・物語の中で，想像力を働かせながら好きな場面を見つけたり，周りの様子を考えたりすることができる。　　　　　　　　　　　　　　　　　　　（思考力，判断力，表現力等）

・自分や友人の作品を見て，好きな場面の表し方や表現の仕方を話し合い，楽しむことができる。　　　　　　　　　　　　　　　　　　　　　　（学びに向かう力，人間性等）

2 準備物等

教師：四ツ切画用紙

　　　今回は，読書感想画コンクールに応募しようと考えているので，規定の大きさの画用紙を使う。また，想像した場面をはっきりさせるために，背景は色画用紙を使うことにする。今回のお話の場面は穴の中なので，茶色や黄土色などの色画用紙を準備し，絵に合う色を選ばせる。

　　　参考作品

児童：クレヨン・パス

　　　滑らかにかくことができ，低学年に向いている。クレヨンは線描，パスは色を混ぜやすく，描画に適している。

　　　はさみ，のり

　　　自分の想像した場面を切り抜き，色画用紙の上に貼るために，はさみ，のりも用意する。

③　評価シート　みて　みて　おはなし「あなのなかには…」をよんで

評価項目	評価場面	評価規準	評価
知識・技能	②	物語のかきたい場面の様子が分かるように画面構成，表現の仕方を工夫して表すことができる。	
思考・判断・表現	③	物語の中で，想像力を働かせながら好きな場面を見つけたり，周りの様子を考えることができる。	
主体的に学習に取り組む態度	④	自分や友人の作品を見て，好きな場面の表し方や表現の仕方を話し合い，楽しもうとしている。	

授業づくりのアドバイス

　読書感想画に取り組む前には必ず自分で本を読み，どの場面を絵に表現するといいのかを考える必要があります。学級によっては，個々にかきたい場面を選ばせる方法も，場面を決めて，部分だけを児童に想像させてかく方法もいいと思います。学級の実態に応じて授業展開を考えることが大切です。

　本題材では，『あなのなかには…』（レベッカ・コッブ作，フレーベル館）という本の感想画をかくことにしました。話の展開として穴の中の世界のイメージをふくらませながら読み進めるおもしろさのある本になっているので，「自分が主人公だったら，穴の中には何がいたと思いましたか」という問いかけをすることにしました。また，お話の筋にあった，ボールが投げ入れられたところからの簡単なお話を想像してかくこともいいことにしました。何がいたかを想像したり，お話を考えたりすることで，さらにイメージが広がっていきました。

　児童一人ひとりのもつイメージを大切にし，自分の思いをはっきりと絵に表すことのできる喜びを感じさせたい題材です。下がきの途中で，数人に絵やお話を発表させたり，同じ思いをもつ児童同士でイメージの広がりを共有させたり，さらに，表現方法によって色々な表し方があることに気付かせたりしてほしいと思います。

4 指導過程

① 参考作品を見て，穴の中に何がいたのか
を話し合おう　　　　（イメージづくり）

・虹色のうろこを持った魚がいた

・太陽や火星や色々な星がある宇宙があった

・大きなケーキがあった

・恐竜がさわいでいた

・ボールが飛んできたから，キャッチボール
をして遊んでいるかな

② 穴をのぞいている自分とペットの犬をか
こう　　　　（お話に沿って場面絵をかく）

・地面は上だから，紙の上の方に穴をかくよ

・大きな目で見ている自分をかくよ

・ペットの犬も隣で穴をのぞいているところ
にしよう

③ 穴の中に何がいたかを想像してかこう
　　　　　　　　　　　　　　　　（構想）

・クジラの親子が楽しく泳いでいるところに
するよ

・大きなケーキがあって，お菓子がいっぱい
あるよ

・虹色のうろこをした魚たちが，落ちてきた
ボールで遊んでいるところをかきたいな

・乗り物のたくさんある遊園地があるよ

④ みんなの作品を見てみよう
　　　　　　　　　　　　　　（途中の鑑賞）

・魚の向きが違っていて本当に泳いでいるみ
たいだね

・穴の中にボールがあって，お話の世界みた
いだね

➡指導ポイント①

・参考作品としてあらかじめ教師がかいてお
いた穴の中をのぞいている自分と犬の絵を
見て，想像をふくらませる

・穴の中の概念にない何かがいても認めるよ
うにする

・お話の中に出てきたボールの存在にも気付
かせる

➡指導ポイント②

・今回は穴の中に何がいるかを想像させてか
くことにする

・参考作品を提示しながら，一斉にかき進め
させる

➡指導ポイント③④

・穴の中にいたもの（中心となるもの）を大
きくかくように伝える

・中心となるものがかけたら，他にも周りに
いたものをかき加えるようにさせる

・色を塗るので，模様を工夫させるとよい

中心となるものを大きくかく

⑤　穴の中にいたものの周りの様子を想像してかこう　　　　　　　　（構想）

・穴の中は全部海になっていて，大きな波で水しぶきができているよ

・みんなでパーティーをしているからたくさんのキャンディーやクッキーがあって，楽しそうなリボンも飾られているよ

・魚たちがボールでサッカーをしているよ

・遊園地になっていて，遊びに来ているお客さんがたくさんいるよ

⑥　できた絵を切って色画用紙に貼ろう　　　　　　　　　（作品を完成させる）

・海の水しぶきが本物みたいに飛び出ていていいね

・たくさんのお菓子が周りにあって楽しそうな感じがするよ

・ぼくもにぎやかな感じにしたいからもっと周りにあるものを考えよう

・海には岩があって，海藻がゆれているのがいいね

・もっと波があるように，水しぶきをかき加えよう

・穴からキャンディーが飛び出してくるようにしたいな

⑦　みんなの作品を展示しよう　　　　（鑑賞）

・虹色がきれいだねって言われてうれしかった

・友人の作品を見るのは楽しいな

・同じ海の中でも，虹色の魚やサメなど違う魚をかいている友達がいたよ

・穴の中に遊園地があるなんて思わなかったよ

⊃指導ポイント⑤

・周りの様子をイメージ豊かに想像させよう

・ダイナミックな絵になるように，穴の周りにも飛び出ていいことを伝える

・友人の作品を見て，いいなと思うところを見つけさせる

周りにあるものを考えて

⊃指導ポイント⑥

・色画用紙に貼り，まだ足りないなと思う絵を付け加えさせる

・画面構成を見て，一人ひとりにアドバイスをするとよい

⊃指導ポイント⑦

・読書感想画コンクールに出品するとよい

・各市町村で開催されている作品展などに展示し，多くの人に見てもらうとよい

（渡邉　薫）

❺ たけのこ　にょきにょき　〜五感を感じて〜

題材の紹介

　たけのこの形状は比較的捉えやすく，取り組みやすい題材である。同時に，見たり，触ったり，においを嗅いだりすることで，たけのこから感じたことを感じたままに表すことのできる題材。　　　　　　　　　　　　　　　　　7時間完了

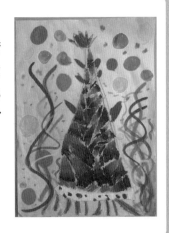

1　目　標

・事象を観察する視点やクレヨンの扱い方，色の選び方，色の重ね方について知り，表現することができる。　　　　　　　　　　　　　　　　　　　　　　　　（知識及び技能）

・たけのこからイメージされた言葉や感じ方を色や線・形で表す方法を活用して，画面を構成することができる。　　　　　　　　　　　　　　　　（思考力，判断力，表現力等）

・五感を使って本物のたけのこと触れ合い，じっくりと観察することで，ものの見方が広がることに気付く。　　　　　　　　　　　　　　　　　（学びに向かう力，人間性等）

2　準備物等

教師：土や根の付いたままのたけのこ

　　　四ツ切画用紙（若竹色）

　　　　　用意したたけのこが画面に収まる大きさとして適当である。また，画面の隅々まで着色することができない児童を配慮して，若竹色の画用紙を準備した。

　　　教師が用意したかき方の参考作品，すてきカード

児童：クレヨン・パス，水彩絵の具セット（12色，平筆，丸筆）

③　評価シート　たけのこ　にょきにょき

評価項目	評価場面	評価規準	評価
知識・技能	⑤⑥	クレヨンを重ねて色を塗ることができる。	
思考・判断・表現	②③⑦	絵の具を使って，たけのこに対する気持ちやその様子を表すことができる。	
主体的に学習に取り組む態度	①④⑧⑨	本物のたけのこを触りながら，そのときの気持ちを表そうとしている。	

授業づくりのアドバイス

　事象を観察する際に五感を用いて触れ合ったり，児童の困り感を解決するための知識や技術を身に付けさせたりすることは，自らと他者とを比較し，表現することに抵抗を感じ始める児童が増加するこの時期に適した手立てだと考えます。

　そのために本実践では，児童の五感をくすぐる手立ての1つとして，本物のたけのこを準備しました。児童にたけのこについて，自ら詳しく説明するため，祖父母の家の裏山へ実際にたけのこを堀りに出かけました。そこで，大きく伸びたたけのこをなるべく土や根を残すように掘り出し，持ち帰りました。

　教室にたけのこを広げると，その大きさや重み，質感や見た目の様子などに児童は大興奮しました。

　山にたけのこを掘りに行く作業は，とても大変でしたが，児童がうれしそうにたけのこと触れ合い，観察する姿や感じたことを発言したり，表現したりする姿を目の当たりにし，時間をかけて準備をしてよかったと思います。

　子供たちの発達段階に見合った題材や手立ての工夫が児童の意欲関心を高めることになると実感できた実践です。ぜひ，参考にしてみてください。

絵画

立体

工作

造形遊び

鑑賞

① たけのこを触って友達になろう

(イメージづくり)

・重たい，大きい，ちくちく，ざらざら，冷たい，ふわふわ，ぷにぷに

② たけのこをよく見てみよう

(イメージづくり)

・大きい

・尖っている，つのみたい，ドリル，ロケット

・毛が生えている，葉っぱが生えている

・皮は茶色，黒色，緑色，黄緑色

・根は，土が付いている，気持ち悪い，みみずみたい，肌色，赤色，紫色

③ たけのこのにおいを嗅いでみよう

(イメージづくり)

・土のにおい，くさい，草のにおい

④ たけのこを体で表現してみよう

(イメージづくり)

・上に伸びるから，上にジャンプしよう

・ぐーんと腕を伸ばそう

・ぼくは，重たいたけのこになってみよう

⑤ クレヨンでたけのこをかこう

(構成・下がき)

・たけのこを立てるにはどうしたらいいかな

・どこからかくといいのかな

・根がいっぱいあるから，難しいな

⑥ クレヨンでたけのこを塗ってみよう

(表現)

・茶色の他にも，こげ茶色もあるよ

・みどり色が混じっているところもある

⮕指導ポイント①②③④

・感じたことや思ったことを何でも発言できる環境を整える

・児童の意見は，すべて板書する

五感を用いたふれあいの様子

⮕指導ポイント⑤

・下がきはかき直しやすい「白・灰・黄」のクレヨンを選択させる

・たけのこを立たせるために，身の回りのものを使って工夫するように伝える

・画用紙からはみ出したり，真っ直ぐなたけのこを曲げたりしてもよいと伝える

・一番かきたい場所からかくように伝える

⮕指導ポイント⑥

・茶色一色で塗り始めた児童がいたら，茶色以外の色を探すように促す

・児童が見つけた色を否定しない

・黄土色も使っていいの

・明るい色から塗っていくと，クレヨンが汚れにくいね

⑦　絵の具で模様をかこう　　　　　（表現）

・暗い色だとなんか元気がなくなる

・明るい色だと楽しい感じになるね

・くねくねに動かすと上に伸びているみたいだね

・ぎざぎざ線だと，ちくちくしているように見える

・さらさら絵の具って，これくらいかな

⑧　自分の作品の「すてき」を見つけよう

（鑑賞）

・ぼくは，強いたけのこにしたいから，大きくかいたよ

・たくさんの色が見えたから，色々なクレヨンを使ってみたよ

・クレヨンを重ねるのは難しかったけど，最後までがんばったよ

・かわいいたけのこにしたいから，ピンクとか黄色の模様をかいたよ

・くねくね線をたくさんかいたら，ジャングルのたけのこになったよ

⑨　友人の「すてき」を見つけよう　（鑑賞）

・１枚１枚の皮の色が違うのがすごい

・ぼくには見つけられなかった色が使ってあるね

・たくさんすごいと言われてうれしかった

・がんばったことが伝わってよかった

・明るい色から，暗い色のクレヨンを重ねていくように伝える

・重ね方がイメージできない児童には，教師が準備した参考作品を提示する

⮕指導ポイント⑦

・暗い色と明るい色から，イメージされる言葉や感じ方を確認する

・水加減や筆の動かし方などを師範する

楽しみながら絵筆を動かす児童

⮕指導ポイント⑨

・10人程度のグループをつくり，1人ずつ自分の「すてき」について発表させる

・2枚の「すてきカード」は，偏らないように両隣の児童に手渡すように伝える

・作品のどこがどのようにすてきなのかを詳しく伝えるように心がけさせる

（實松　理沙）

❻ 絵のぐさん　こんにちは ～初めての水彩絵の具指導～

題材の紹介

　本題材は，水彩絵の具との初めての出合いを題材化したものである。絵の具やパレット，筆の使い方など親しみながら用具の正しい使い方が習得できる題材。

4時間完了

1　目　標

・用具を正しく使うことができる。　　　　　　　　　　　　　　　（知識及び技能）

・絵の具の質感を確かめ，適切な水の量を考えて塗ることができる。　（知識及び技能）

・大筆，小筆を使い分け，様々な筆致を試すことができる。　　（思考力，判断力，表現力等）

・友人と発見したことを伝え合いながら，新しい表現を模索することができる。

（学びに向かう力，人間性等）

2　準備物等

教師：実物投影機（書画カメラ），スクリーン，ワークシート，
　　　掲示物

児童：水彩絵の具，筆洗，大筆，小筆，雑巾，パレット，新聞紙，
　　　500ml のペットボトル（水を入れておく）

掲示物
① 机上の用具の置き方 　（各自の方法による） ② パレットの持ち方 ③ 筆の洗い方の呪文

③ 評価シート　えのぐさん　こんにちは

評価項目	評価場面	評価規準	評価
知識・技能	④	宝水を濁さずに，筆を筆洗の正しい場所で洗って使うことができる。	
		宝水が少し濁っているが，筆を洗ってから使い，パレットを適切に使うことができる。	
	⑤	適切な絵の具の濃さで塗ることができる。	
		パレットや筆洗を正しく使い，絵の具を塗ることができる。	
思考・判断・表現	⑦	適切な絵の具の濃さで，筆の向きや太さを活用して，様々な線を引くことができる。	
		筆の向きや太さを考えて様々な線を引くことができる。	
主体的に学習に取り組む態度	⑦	友人同士の関わりの中で，積極的に新しい表現を試したり，まねしあったりしようとしている。	

授業づくりのアドバイス

　この題材は，初めて水彩絵の具に触れる児童が基礎をしっかり押さえながら，楽しく絵の具の使い方を学習することができるものです。児童は，絵の具を使うことに対してとても意欲的で，使いこなしたいという思いを強くもっています。意欲が最も高い初めにこそ，細やかに，丁寧に教えることが肝要です。ただ，口頭で伝えても児童には伝わりづらいので，絵の具をすくってパレットに広げるときや筆を3回洗うときには，「♪1番風呂♪2番風呂♪3番風呂タオル」のように合言葉を唱えながら実践していきます。児童はキャッチーなフレーズが大好きです。大事なポイントは擬音語を使い，体を動かしながら伝えると，学年が変わっても，絵の具を使うときには唱えるようになります。

　この指導法では，実物投影機を用いて教師がお手本を見せたり，やり方を細やかに教えたりします。教師の実演は，児童に「これなら自分もできる」という安心感をもたらし，「早くやりたい！」と意欲をさらに高めます。用具の使い方をしっかり教えることは，児童の表現の幅を狭めることにはなりません。絵の具の性質や筆の使い方をしっかり見せることで，児童は思いえがいたものを紙面に再現する喜びを知り，それが自信になります。そして「あれをかいてみよう」「こんなやり方をしたらどうなるかな」という新たな表現への架け橋になります。1，2時間目の用具の使い方の指導がしっかり行われると，3，4時間目の実践では児童たちが思い思いの花をかきます。ぜひ，実践してみてください。

絵画

立体

工作

造形遊び

鑑賞

4 指導過程

① 用具の名前を確認しよう　　　　（準備）

パレット，筆洗，大筆，小筆などの用具の名前を斉唱したり，クイズに答えたりして，名前をしっかり覚える。

掲示物①（P38）を見ながら机上の用具の位置を確認する。

ペットボトルから筆洗に水を入れる。

② パレットに絵の具を出してみよう（準備）

掲示物②でパレットの中の，絵の具を出す位置，混ぜる位置を確認する。

チューブから赤い絵の具を出させる。

③ 絵の具を塗ってみよう　　　　（表現）

水を付けない状態で大筆に絵の具を付けさせ，パレット上に広げる。

絵の具を付けるときの合言葉「すくって，ひろげて，ちょんちょんちょん」と唱和する。

ワークシート①に水を付けない状態で塗ると，かさついて塗りにくいことに気付く。

④ 筆をお風呂に入れてみよう　　　（技能）

筆洗で筆を3回洗うことを確認する。

筆を洗うときの合言葉「1番風呂　2番風呂　3番風呂　タオル」を唱和しながら筆を3回洗い，雑巾で水気を取ることを確認する。

絵の具に水を加えるための水「宝水」は濁らせないことを確認する。

⑤ 丁度よい濃さで絵の具を塗ってみよう
　　　　　　　　　　　　　　　　（表現）

水を少しずつ加えながらワークシートに色を塗っていき，丁度よい水加減をつかむ。

青い絵の具を，丁度よい水加減で伸ばして塗る（1時間完了）。

➲指導ポイント①

・普段鉛筆を持っているほうの手で筆を持つように指示し，自分の利き手を確認させる。左利きの児童は筆洗の位置を右に変える（肘で落とさないため）

➲指導ポイント②

・初めての絵の具で緊張している児童が多い。実物投影機で絞り出す位置を見せ，量についても「爪の大きさくらい」等具体的に伝える。また，新しい絵の具を使うため，水分が出てくることが予想される。チューブをよく揉ませてから出させる

➲指導ポイント③

・すくって（絵の具を付ける），広げて（パレットに広げる），ちょんちょんちょん（筆に付ける絵の具の量を調節する）という合言葉をリズムよく何度も唱えさせることで，パレットの正しい使い方を習得させる

・歌うようにリズムよく唱和させることで児童に印象づける

➲指導ポイント④

・教師が筆を洗っている様子を実物投影機で映し，洗い方を定着させる

・「宝水」をきれいに保っているかどうかで，用具を正しく使えているかの評価をする

➲指導ポイント⑤

・早く青が塗れた児童には，フリースペースに青や赤を好きなように塗らせる。その際に混色のおもしろさや水加減によって色の調節ができることに気付かせる

⑥　**大筆と小筆を使い分けよう　　　（技能）**

ワークシートの様々な足跡やタイヤ痕は大筆と小筆のどちらでかくとよいか考える。

⑦　**大筆と小筆を使って色々な足跡をかいてみよう　　　（表現）**

ワークシートに足跡やタイヤ痕を大筆小筆を使って再現する。

どんな足跡がかけるか考えてみよう。

大筆小筆を使って自由に足跡や模様をかく。

友人同士でかき方を伝え合い，まねしあって様々な表現に親しむ。

⑧　**片づけをしよう**

宝水の色をチェックする。

筆に筆洗の水を付け，パレット上の絵の具を溶かす。

ティッシュ２枚でパレット上の絵の具を拭き取る。

最後に宝水で筆を洗い，しっかり水分を拭かせる。

筆洗の水は捨てるだけでゆすがない。

雑巾で筆洗の水を拭き取る（１時間完了）。

⑨　**用具を正しく使って，花をかこう（表現）**

これまでの学習をふまえて，花をかく。

用具の名前，置く位置，パレットの使い方，水の量，筆の使い分けなどをしっかりふまえて作品をかく（２時間完了）。

ワークシート①

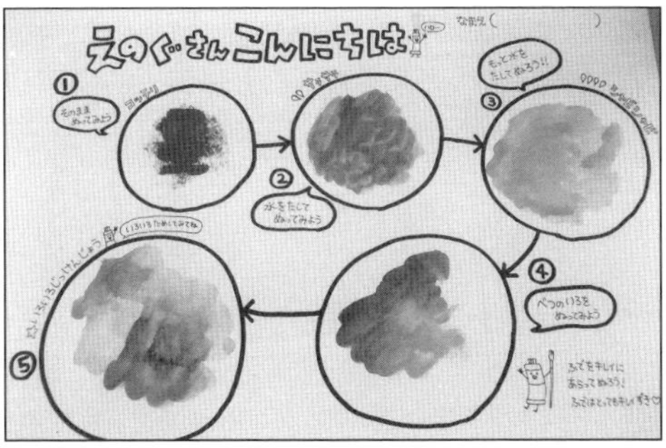

➲指導ポイント⑥⑦

・太い線をかくときは筆を寝かせたり，細い線をかくときは筆先をそろえたりと実物投影機を使って教師が例示する

・実際に存在しない生き物の足跡や，宇宙船のタイヤの跡など自由な発想を大切にして，様々な筆致を試すのを楽しませる

・前時で学習した，筆の洗い方や，水の付け方を改めて確認させ，用具の使い方を定着させる

・ワークシートの絵の具の濃さや筆致から適切な水の量や筆の使い方ができているか評価する

・友人同士の関わりの中で，新しい表現を試したり，まねしあったりしている様子を観察し，評価をする

➲指導ポイント⑧

・実物投影機でパレットの洗い方を見せ，一連の作業を実演する

・パレットや筆洗を手洗い場で洗わせると，時間がかかり，手洗い場も混雑するため，手洗い場では水を出させない

・500ml のペットボトルの水ですべて完結させることで準備も片づけもシンプルになる

ワークシート②

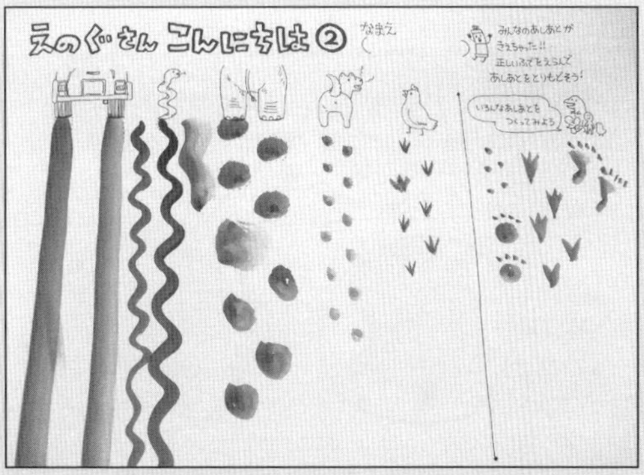

（石原　知加）

❼ 紙はん画 〜馬のサクラ〜

題材の紹介

　校区にポニーを飼っている家があると児童の中で話題になった。確認すると，実際に校区内をときどき散歩させているという。そこで，話題のポニーを学校の運動場に呼んで観察し，スケッチをして紙版画に表現することとした。興味のあるもの，表したいと児童から出てきたものを表現できる題材。製作終了後は作品集をつくり，ポニーの飼い主さんへ渡すことにした。

9時間完了

1　目　標

・実際に見たポニーの特徴を捉えて，重ねたり組み合わせたり工夫し，凹凸を付けて紙版をつくることができる。　　　　　　　　　　　　　　　　　　　　　　　　（知識及び技能）
・ポニーの角度や配置を工夫して考え，表現することができる。　（思考力，判断力，表現力等）
・ポニーらしさを自分なりに考え，進んで表現することができる。

（学びに向かう力，人間性等）

2　準備物等

教師：探検バッグ（ポニーを観察してデッサンする際に使用）
　　　四ツ切画用紙と八ツ切画用紙，ワークシート，カーボン紙，ポニーの写真（観察時に撮影），黒インク，ローラー，本番用版画紙（1人3枚）
児童：B，2B程度の濃い鉛筆，のり（教師用に大きなのりを用意して足すようにする），新聞紙（1人4枚），はさみ

③ 評価シート　紙はん画

評価項目	評価場面	評価規準	評価
知識・技能	④	画面構想を考えながら紙の重ね方を工夫して紙版をつくることができる。	
	⑦	道具を正しく使って版画をすることができる。	
思考・判断・表現	③	ポニーの観察をもとに，体や顔がどうなっているかを考えて下がきができる。	
	⑥	中間鑑賞で感じたことをもとに紙版を修正したり，付け加えたりできる。	
主体的に学習に取り組む態度	①	凹凸を付けながら絵が浮き出てくる表現の楽しさを味わおうとしている。	
	④	重ね方を工夫することで，ポニーらしさを表現することを楽しもうとしている。	

授業づくりのアドバイス

　この題材は地域との交流も図りながら児童のかきたいものを表現することができます。児童は馬のサクラに興味津々で，触ったり近づいて見たりしながら丁寧に観察し，デッサンする姿はとても意欲的でした。下がきの際は馬の体つきに着目しながらかくことに児童も手こずりながらも，よりサクラらしさを出そうと必死で表現していました。この題材で強調したいことは以下の点です。

・馬の様子をじっくり観察できるよう十分な時間を取ること
・試行錯誤できる練習の時間を十分に取ること
・版画をする手順をきちんと押さえること

　以上3点を特に押さえながら，行っていってほしいと思います。馬でなくても地域にいる生き物や，学校で飼っている生き物など，題材の主題を児童がかきたいと思うものにするなど工夫して児童が積極的に活動できる動機づけをして取り組んでいただけたらと思います。ぜひ実践してみてください。

絵画

立体

工作

造形遊び

鑑賞

① 　版画とは何か練習してみよう

（試しの場）

・簡単な顔をつくってみたよ

・重ねると形が浮き出てくるね

・部品が細かすぎると難しいな

② 　馬のサクラを観察しよう　　（スケッチ）

・こんな近くで馬を見るのは初めてだよ

・馬の太ももってすごく筋肉が付いているね

・どの向きからかこうかな

③ 　下がきを完成させよう　　　　（構想）

・馬の太ももを太くかくぞ

・馬の顔の形をそっくりにかきたいな

・馬のふさふさな毛をどうやって表現しよう

　かな

④ 　紙版をつくろう　　　　　　　（構想）

・目を重ねて表現したいな

・顔と胴体を切って貼ってみようかな

・たくさんの部品に分けてつくってみたよ

⑤ 　みんなの紙版を見てみよう（中間鑑賞）

・馬の体が上手に表現されているね

・馬の毛をちぎった紙をたくさん重ねて表現

　したんだね

・ぼくもまねしてつくってみようかな

➡指導ポイント①

・どこが黒くなりどこが白くなるのかを試行

　錯誤の中で考える

・凹凸が黒と白の変化に関係することに気付

　く

➡指導ポイント②

・馬の体全体が入るようにかかせる

・空想でかかずにしっかり観察して細かいと

　ころまでスケッチする

・色々な角度から見て表現しやすい角度を決

　める

　→よく観察する

馬のサクラを観察する児童たち

➡指導ポイント③

・中間鑑賞や製作過程の中で重ね方を工夫す

　ることで馬の毛や顔，耳などを表現できる

　ことに気付く

・部品が細かくなり過ぎないように大きめに

　つくるよう声かけする

・はさみの使い方やのりの付け方に注意する

⑥　紙版を完成させよう　　　　　（構想）

・友人の重ね方をまねして付け加えてみようかな

・貼った部品が取れないように注意してのりを付けるようにしよう

⑦　版画を刷ってみよう　　　　　（表現）

・初めてインクで版画を刷るからどきどきするね

・道具の使い方をしっかり覚えて刷り方をマスターしたいな

・インクの付け方を気をつけないときれいに写せないよ

⑧　みんなの作品を展示して多くの人に見てもらおう　　　　　（校内作品展）

・６年生にも上手ってほめてもらったよ

・お母さんやお父さんにも見てもらえてうれしかった

・白と黒だけで馬が表現できたなんて不思議だね

⑨　サクラと飼い主さんに感謝の手紙を送ろう　　　　　（感謝を伝える）

・サクラと会わせてもらったおかげで素敵な版画がつくれました

・一生懸命心を込めてつくったのでサクラにも見せてあげてください

児童に見せた馬のサクラの写真

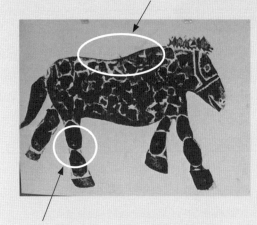

毛をちぎった細かい紙で表現した

太ももに見せるために関節で2つのパーツに分けて貼った

➲指導ポイント④

・初めてインクを扱ったため，教師側が使い方を細かく個別で支援する（これからの版画製作に生かす力にする）

・教室環境を整え，製作しやすいようにしておく

展示された作品

（加藤　良太）

絵画
立体
工作
造形遊び
鑑賞

⑧ うごきだせ　大すきな　生きものたち ～版画～

題材の紹介

　生活科で町探検へ出かけ，学区の川にいる生き物に親しんだ。そこにいる生き物の型紙をつくり紙版画で表現した。児童が生き物たちをどんなふうに遊ばせたいか，想像をふくらませながら楽しんで取り組むことができる題材。

〈簡単なプロセス〉

①版画に慣れる（版遊び）。

②生き物をスケッチする。

③紙版をつくり，試し刷りをする。

④共同製作で作品の構想を明確にする。

⑤本製作をする。　　　　　　　　　　　8時間完了

1　目　標

・色を混ぜたり，版の向きを色々にしたり，重ねて刷ったりすることで動きのある表現ができることに気付くことができる。　　　　　　　　　　　　　　　　　　（知識及び技能）

・どんな場面を表そうかと考えたり，表し方の工夫のアイデアをもったりして，構想することができる。　　　　　　　　　　　　　　　　　　　　　（思考力，判断力，表現力等）

・刷ることやかくことに関心をもち，生き物が動く場面を表すことに喜びを感じることができる。　　　　　　　　　　　　　　　　　　　　　　（学びに向かう力，人間性等）

2　準備物等

〈製版でいるもの〉

教師：版をつくるためのクリアファイル

児童：カッターナイフ，生き物のスケッチ

〈刷りでいる物〉

教師：インクを入れるトレイ，ばれん，ローラー，版画紙（練習用…四ツ切　本製作用…二ツ切　共同製作用のロール紙），水性版画インク（赤・黄・青・白）

児童：新聞紙

3 **評価シート　うごきだせ　大すきな　生きものたち**

評価項目	評価場面	評価規準	評価
知識・技能	④⑦	色を混ぜたり，版の向きを色々にしたり，重ねて刷ったりすることで動きのある表現ができる。	
思考・判断・表現	⑥	どんな場面を表そうかと考えたり，表し方の工夫のアイデアをもったりして，構想することができる。	
主体的に学習に取り組む態度	⑥	刷ることやかくことに関心をもち，生き物が動く場面を表すことに取り組もうとしている。	

授業づくりのアドバイス

　低学年の児童にとって，生き物は親しみをもって関わることのできる素材です。また，生き物が動いている様子を捉え，その動きから「どんなことをしているのか」をイメージしやすく，生き物を身近に感じて自分の作品への思いを深めることができるのではないかと考えました。また，版画は繰り返し刷ることができ，版の置き方によって色々な動きを表すことができます。自由に刷ったり，作品を見合ったりする中で，作品をよりよくしようと試行錯誤できるおすすめの題材です。

　指導で大切にしたいことは，以下の２点です。

・技能を身に付けさせるために，困ったことやよかったことを振り返らせ，クラスで共有しながら気をつけるポイントをその都度確認すること

・作品構想の際には，「どんな遊びをしているところなのか」「どんな会話をしていそうか」等，具体的に場面を想像させ，作品への思いをもたせるようにすること

　最初は，版を繰り返し刷ることを楽しんでいた児童も，作品の構想が明確になると，「版をどんな向きにしようか」「重ねるとにぎやかになっていいな」など，その場面のお話をつくっているかのように，夢中になっていきます。でき上がった作品を鑑賞する時間も，大好きな生き物たちの会話を想像できる楽しい実践です。

4 　指導過程

① 　地域の川でお気に入りの生き物を見つけよう（生活科と関連させ，製作への意欲を高める）

・すばしっこいスッポンがいたよ
・魚が気持ちよさそうに泳いでいたよ
・ザリガニの赤ちゃんがいたよ

② 　雨粒の版をつくり，版遊びをしよう（刷り方を練習する）

・カッターの使い方が分かったよ
・たくさん刷れて楽しいな
・色々な色で刷れてうれしいな
・色を混ぜたら，好きな色がつくれたよ

③ 　生き物の版をつくろう　　　　　　　（表現）

・ザリガニのはさみは大きくしたいな
・スッポンの甲羅には模様があったよ
・カッターなら細かいところもくり抜けるよ

④ 　生き物が遊んでいるみたいに刷ってみよう　　　　　　　　　　　　　　　（表現）

・型紙が大きくてたくさん刷ることができないよ
・重ねて刷ったら追いかけっこしているみたいだよ
・違う色で刷ったら，魚の友達が増えたみたいだ

➡指導ポイント①
・親しみのある地域の川で対象となる生き物とふれあう時間を設定する
・お気に入りの生き物はどんな様子かをじっくり観察するよう呼びかけ，スケッチさせる

➡指導ポイント②
・カッターの使い方，インクの付け方，刷り方など，基本となる技能を教え，1人で一連の作業をできるように机間巡視をしながらアドバイスする
・インクは赤・黄・青・白を用意し，色を混ぜて色をつくることを説明する

雨粒の版で刷り方の練習

➡指導ポイント③④
・版となるクリアファイルに生き物を大きくかかせると，カッターで切り抜きやすい
・自由に刷らせることで困ったことや気付きが出てくるので，クラスで共有していく

⑤　動きが感じられる作品を見てみよう
　　　　　　　　　　　　　　　（鑑賞）

・色々な向きに刷ると，遊んでいるように見
　えるんだね
・楽しそうに鬼ごっこしているみたいだ
・重ねて刷ると，みんなでおしゃべりしてい
　るみたいに見えるね
・型紙をはみ出すように刷ると，生き物が逃
　げていくみたいだね

⑥　みんなで生き物を遊ばせよう
　　　　　　　　　　　　（表現・構想）

・友人の生き物と戦っているみたいだ
・群れからはみ出して，１匹だけはぐれてい
　るよ
・他の生き物と違う向きで刷ったら，けんか
　して帰っていくみたいだ

⑦　紙いっぱいに生き物を遊ばせよう
　　　　　　　　　　　　　　（本製作）

・増え鬼で最後の１匹を捕まえようとしてい
　る場面を表したいな
・魚の群れでレストランに来たところを表し
　たいから，お客の魚は同じ色にして，コッ
　クは違う色で表そう
・追いかけっこしているところが分かるよう
　に，版の向きを変えたり，はみ出したりし
　て刷ろう

⑧　完成した作品を鑑賞しよう　　（鑑賞）

・生き物が本当に遊んでいるみたいで楽しい
　気持ちになるね
・作品の生き物の声が聞こえてきそうだよ

はみ出しの効果に気付かせる参考作品

➡指導ポイント⑥

・ロール紙を使い，生き物の版を刷る回数を
　決めておくことで，どんな風に遊ばせるか
　考える（このときは７回）
・共同製作後，クラスで作品鑑賞を行うとク
　ラスの川の世界が共有でき，自分の作品構
　想の参考になる

共同製作の様子

➡指導ポイント⑦

・紙いっぱいに版を刷ることができるよう
　に，二ツ切の版画用紙を用意する

➡指導ポイント⑧

・生き物たちのどんな会話が聞こえてきそう
　かを考えさせることで，お互いの作品のよ
　さに気付くことができるようにする

　　　　　　　　　　　　　　　（清水　和美）

⑨ おって　たてたら
〜ひらめきを引き出す見立て活動を通して〜

題材の紹介

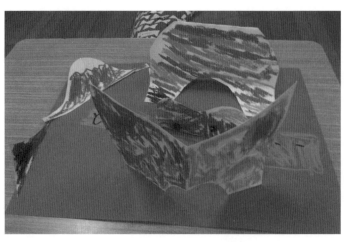

材料の色や形などの特性を手がかりにひらめき，それをもとに思いついたものを，紙を折り曲げ，台紙の上に立たせて表現することで，児童の自由な発想を広げていくことができる。また，友人同士で交流することで自分とは違うひらめきに触れ，自分の見方・感じ方を広げることができる題材。

3時間完了＋日常実践

1　目　標

・紙の立たせ方を工夫して，思い浮かんだものをつくることができる。　　　（知識及び技能）

・紙の立たせ方や立たせた紙の形から何ができるかを考えることができる。

（思考力，判断力，表現力等）

・お互いのひらめきや作品のよさに気付くことができる。　　　（学びに向かう力，人間性等）

2　準備物等

〈「はっけんかあど」でひらめこう！！〉

教師：ワークシート，ワークシートを入れる箱，色々な色や形，材質の紙（例：画用紙，包装紙，わざとくしゃくしゃにした紙等）

児童：クレヨン・パス，のり，はさみ

〈おって　たてたら〉

教師：色々な形に切った画用紙，色画用紙（土台用）

児童：クレヨン・パス，のり，はさみ

❸ 評価シート　おって　たてたら

評価項目	評価場面	評価規準	評価
知識・技能	①	紙の立たせ方を工夫して，思い浮かんだものをつくることができる。	
思考・判断・表現	②	紙の立たせ方や立たせた紙の形から何ができるかを考えることができる。	
主体的に学習に取り組む態度	③④	お互いのひらめきや作品のよさに気付こうとしている。	

授業づくりのアドバイス

　この題材は，何かを「見立てる」という場面が中心となっており，低学年の児童ならではの豊かな想像力を存分に引き出すことができると思います。

　普段の授業で何をかいてよいか分からず，手が進まない児童も，一からかくのではなく，もとある形から何かを見立てて考えていくのでアイデアが出しやすくなると思います。絵をかくことに苦手意識のある児童も，かき足していけばよいのでかきやすくなると思います。

　私が実践した際にも，実践が進むにつれ，「早くやりたい！」「次のもつくっていい？」などと進んで授業に取り組む児童が増えたように思います。児童が楽しみながら取り組むことができるような題材だと思いますので，ぜひ実践してみてください。

4 指導過程

「はっけんかあど」でひらめこう！！

（日常実践）

① **どんな形に見えるか考えよう**

―1つの形を使って―　（発想）

・あ！　これにしよう

・触ってみるとつるつるで草みたいだな

・帽子みたいに見える

② **どんな形に見えるか考えよう**

―形を組み合わせて―　（発想）

・組み合わせると魚みたいだな

・これは顔に見えるな，これに合う体はあるかな

③ **どんな形に見えるか考えよう**

―不定形な形―　（発想）

・丸がくっついていて，めがねの形に見えるよ

・穴が開いていてトンネルに見えるよ

④ **友達のひらめきを見つけよう　（鑑賞）**

・これは思いつかなかったなあ

・ぼくも同じものを思いついたよ

・私もやってみよう

発見コーナー

「はっけんかあど」をかく手順

① 色々な形や材質の紙から１つ選ぶ

② 「はっけんかあど」に貼る（付け足してかいてもよい）

③ ひらめきポイントに○を付ける（複数でも可）

ひらめきポイント…（色・形・触って）

④ 説明の文をかく

➲指導ポイント①②③

・教室にコーナーをつくり，朝の時間や休み時間を使って好きなときに取り組めるようにする。最初はかき方を伝えるため全員で取り組む

➲指導ポイント①

・丸，三角，四角など単純な形のものを用意する。クレヨン・パスでかき足してもよいことを伝える

・くしゃくしゃにした紙や新聞紙など触ったときの感触が異なるものも入れる

➲指導ポイント③

・丸がつながっている形や，穴が開いている形など，より複雑な形の紙を用意する

➲指導ポイント④

・かいた鑑賞カードを紙に貼っていき，よいところが増えていくのが目で分かるようにした

おって　たてたら（授業）

① **クイズ形式で立たせる仕組みを知る**

（導入）

・何だろう

・折ったら山になったよ

・脚みたい

・折ったら立つようになった！

・早くつくりたいな

② **出合った紙を見立てて，ひらめいたもの
をつくる**

（発想）

・どんな紙が出るかな

・ヘビみたい

・どうしたら立つようになるかな

・折り目を増やしたどうなるかな

・家みたい。屋根もつくってみよう

・周りのものもつくってみよう

・別のものもつくってみよう

・もっとつくりたい！

③ **台紙を選ぶ**

（発想）

色々な色の画用紙から台紙に合うものを選
び，作品の土台にする。

・車だから道路の灰色が合いそう

・空だから青色にしよう

④ **友人とつくったものを紹介し合おう**

（鑑賞）

隣同士でつくったものを紹介し合う。

・カラフルできれい

・これは何をつくったの

・家の塀もつくってあるね

➲指導ポイント①

・教師が「これは何でしょう」とクイズ形式
で紙を提示する

・目の前で紙を折り，立たせることで，折る
と形が変わること，立つようになることに
気付かせる

➲指導ポイント②

・出合った形から発想できるよう，はじめは
くじ引きのように袋の中から引いて自分の
紙を選ばせる

・必要があれば紙を付け足して組み合わせて
もよいことを伝える

試しながら立たせる方法を考える

➲指導ポイント③

・自由に選べるよう色々な色の画用紙を用意
する

➲指導ポイント④

・話型を設定して伝える内容を明確にするこ
とで，紹介がしやすくなるようにする

（坂 泉美）

❿ ねん土であそぼう！　～私たちのドリームランドへようこそ～

題材の紹介

　体全体を使うことで，感性が育まれる造形活動。粘土でできることを試す活動から，新しいイメージを広げ，失敗を気にすることなく，アイデアを形にしていくことができる題材。

11時間完了

1　目標

・体全体の感覚を働かせ，土粘土の特性を生かしながら，自分のつくりたい形を表現することができる。　　　　　　　　　　　　　　　　　　　　　　　　（知識及び技能）

・偶然できた形や友達の作品をよく見て，おもしろさやよさを見つけ，さらに想像をふくらませたり自分の作品に取り入れたりすることができる。　　（思考力，判断力，表現力等）

・よりよいものを求めて，友人と意見を交換したり，気付きを共有したりする中で，互いのよさを認め合うことができる。　　　　　　　　　　（学びに向かう力，人間性等）

2　準備物等

教師：土粘土（各グループに10kg）

　　　粘土入れ（プラスチック製ふた付き・児童が持ち運びしやすいもの■）

　　　大きめのタオル（土粘土の乾燥を防ぐため）

　　　濡らしたタオルを土粘土にかぶせておけば，途中で作業を休んでも製作の続きが可能

　　　ブルーシート（素足で活動できるよう，教室いっぱいに敷く）

　　　へら，ラップの芯など（粘土に模様を付けたり，形をくり抜いたりするための道具）

　　　掲示物（児童が考えた作戦を掲示する）

　　　ワークシート（つくりたいもののイメージをグループで共通理解させる）

児童：汚れてもよい服装

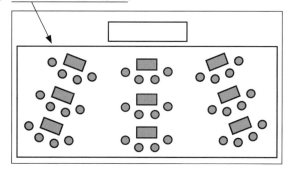

教室配置の例

③ 評価シート　ねん土であそぼう！

評価項目	評価場面	評価規準	評価
知識・技能	④	学んだことを生かして，つくりたいものを自分なりに工夫して表すことができる。	
思考・判断・表現	⑤	友人と話し合いながら思いをふくらませ，つくりたいもののイメージをもつことができる。	
	⑥	土粘土の特性を生かして，表したいもののつくり方を考えることができる。	
主体的に学習に取り組む態度	⑨	自分や友人の表現のよさやおもしろさに気付き，相手に伝えようとしている。	

授業づくりのアドバイス

　この題材は，児童が体全体で素材の感触を味わうので，感性を働かせながら，体験的に素材の特性をつかむことができます。また，「つくり，つくりかえ，つくる」という連続的な活動を行う中で，児童は，何度もつくり替えながらイメージしたものを完成させようと，いきいきした姿を見せます。材料の可能性を存分に試すことができるため，主体的に材料に働きかけ，つくる喜びを見い出すことができます。

　指導で，特に大切なことは，以下の３点です。

・一人ひとりがじっくり材料に向き合う時間を確保し，基礎的知識・技能を習得する場を設けること

　　児童は「○○作戦」を通して，材料の表し方を工夫するための土台を身に付けることで，それを応用し，自分のつくりたいものをつくることができます。

・よく見る場を設定すること

　　「見立て遊び」で「じっくり見る」ことを意識させたり，作品の「よいところ見つけ」をする鑑賞の時間を設けたりすることで，児童は工夫やよさに気付き，それをまねしたり付け加えたりすることで，伸びやかで多様な表現を生み出します。

・関わり合う価値を実感させること

　　友人と協力しながらつくることで，新たなアイデアが生まれ，伸びやかに製作を進めることができます。また，関わり合いの中で認められた喜びが自信となり，さらなる活動へと動き出します。

　実際の体験や体感が，児童の「生きる力」となるので，ぜひダイナミックな活動にも挑戦してみてください。

絵画

立体

工作

造形遊び

鑑賞

① 土粘土で遊ぼう　　　（素材を感じる）

・重い！　1人じゃ持ち上がらないよ

・足で踏んだら，足形が付いたよ

・水で濡らしたらぬるぬるした！

・土粘土って気持ちいい！

・水で，やわらかさが変わるんだね

② 何に見えるかな　　　　（見立て遊び）

・おもしろい形ができたよ。これ何に見える？

・うわあ！　怪獣に見えた

・見る方向で，違うものにも見えるね

③ 「〇〇作せん」で何ができるか試そう

　　　　　　（基本的な技能・知識を習得する）

・お団子をつくったよ。まるまる作戦だ！

・団子から角が伸びて，うさぎさんだ

・粘土を伸ばしたら楽しい！

・誰の紐が一番長いかな？比べてみよう

・紐を巻いたら，へびに見えたよ

・ぼく，2本のひもをねじって，ねじねじ作戦を思いついたよ

・ラップの芯でスタンプが押せるね

・型押し作戦を使って，お面ができたよ

・粘土を縦にしたら，柱になるよ

④ 粘土タワーをつくろう

　　　　　　　（つくる楽しさを味わう）

・グループで柱の高さ競争をしよう

・粘土のタワーみたいだね

・タワーが立たないよ。どうしたらいい？

・下を太くしたらいいかも。協力しよう

・うわあ！　こんな高いタワーができたよ

・ぼくは，タワーとタワーを道でつなげて町をつくりたい

・クラスみんなでつくったら楽しそう！

⮞指導ポイント①

・材料に興味をもたせるために，土粘土の感触を全身で味わえるように示す

・手足で触るだけでなく，土粘土に水をかけて，感触の変化を楽しませる

⮞指導ポイント②

・角度や見る人によって，見える形が違うことを体験するように示す

⮞指導ポイント③

・丸める，並べる，引っ張り出す，伸ばす，つなぐ，ねじる，積む，型押しするなど，児童の考えた活動に，〇〇作戦と名前をつけて，基礎的な技法を全体に広げる

・団子づくり競争や，紐づくり競争をさせ，グループで協力する楽しさを味わわせる

・身近な材料や扱いやすい道具を使う体験を取り入れる

児童が考えた作戦

⮞指導ポイント④

・グループ対抗で，土粘土を高く積む競争をし，高く積むことができたグループから，ポイントを聞く

粘土を積み上げる児童

⑤　私たちだけのドリームランドを考えよう
　　　　　　　　　　　　（イメージづくり・構想）

・私は，お城をつくりたい

・あったらいいな！　を集めて，みんなで楽しい町をつくっちゃおう

・ジェットコースターで町を移動できたら楽しそうだな

・線路があれば，隣の町とつながるよ

・じゃあ，ぼく，トンネルをつくろうかな

⑥　ドリームランドをつくろう　　　　（表現）

・ジェットコースターの駅ができたよ

・王様が住むお城を中心に，どんどん町が広がっているみたいで楽しい！

・見て！　ここは，ひみつの穴だよ

⑦　お助け隊になろう　（アドバイスタイム）

・うまくジェットコースターが移動しないよ。どうしたらいいんだろう

・レールを斜めに傾ければ，うまく転がるんじゃない？

・水を付ければ，もっと滑りやすくなるよ

⑧　わたしのお気に入りを見つけよう
　　　　　　　　　　　　　　　　　（鑑賞）

・滑り台でボールが滑るなんてすごい！　ぼくもやってみたい

・私のグループでもまねしてつくりたい

⑨　友人のすてきを伝えよう　　　　（鑑賞）

・見つけたすてきを友人に広げよう

・友人に認められてうれしい

⑩　粘土でできたもの　なあに？
　　　　　　　　　　（振り返り・生活を見直す）

・急須も，土粘土でできているんだね

・中をのぞいたら，お茶の葉が出ない工夫を見つけたよ

⮕指導ポイント⑤⑥

・思いついたことから発想を広げ，つくり出す喜びを味わわせる

・友人と共通のテーマをもち，一緒につくりたいものを工夫しながら製作することを通して，体験的学びを共有し，関わり合う中で考えを深めさせる

グループごとにテーマをもたせる

・技能を使って何ができるか考え，表し方の幅を広げる

⮕指導ポイント⑦

・困りごとに対して，互いにアドバイスし合うことで，問題を解決させ，新しい形を生み出す体験をさせる

⮕指導ポイント⑧⑨

・作品をよく見て，よさや工夫を認め合う場を設定し，自信をもたせる

・具体的な言葉にすることで，よさを実感させる

・時間があれば，他クラスや他学年の子を招待し，一緒に遊びながら，感想を述べ合う場を設定する

⮕指導ポイント⑩

・学習したことを振り返り，身近な生活の中にある素材や工夫に気付かせる

（髙宮　倫子）

⑪ ちぎって　こねて　はりつけて　ねん土でできるよ
自分だけの　大すきな　きょうりゅう
～粘土における自分だけの恐竜づくり～

題材の紹介

自分だけの恐竜を表現するために，粘土を用いて，恐竜のパーツや大きさ，模様に着目して追求していく。立体表現を通して低学年の児童が質感や量感を意識して想いを表現できる題材である。

7時間完了

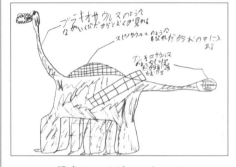

恐竜のアイデアスケッチ

完成作品

1　目　標

・自分が思いえがいた恐竜を表すために，材料である粘土の特徴を生かし，製作することができる。　　　　　　　　　　　　　　　　　　　　　　　　　　　　（知識及び技能）
・恐竜の体のパーツや大きさや，模様を考え出したり，仲間の考えをもとに新たな表現方法を思いついたりすることができる。　　　　　　　　　　（思考力，判断力，表現力等）
・友人との活動を通して，材料を効果的に使いながら，造形美を豊かに感じ取ろうとする。

（学びに向かう力，人間性等）

2　準備物等

教師：スケッチブック，石粉粘土，芯材（発泡スチロールブロック，木片，廃材等）
　　　　粘着テープ，針金，紐（その他，接着できるもの）
　　　　記録用デジタルカメラ，ビデオ，振り返り用のワークシート

❸ 評価シート ちぎって こねて はりつけて ねん土でできるよ 自分だけの 大すきな きょうりゅう

評価項目	評価場面	評価規準	評価
知識・技能	③⑤	自分の思いえがいた恐竜を表すために，材料の特徴（芯材の形や粘土の可塑性等）を生かし，作品を製作することができる。	
思考・判断・表現	④	恐竜のパーツや大きさを表す方法を考え出したり，友人の考えから体の表面の模様といった新たな表現方法を思いつくことができる。	
主体的に学習に取り組む態度	⑥	自分の作品や仲間の表現方法をのよさを見つけることで，造形美を豊かに感じ取ろうとしている。	

授業づくりのアドバイス

　本題材は児童の恐竜への思いが高まれば高まるほど，大きな変容を見せていきます。児童は，自分だけの恐竜をつくり出そうと，表現を進めていました。芯材や粘土を大量に用意することで，児童は材料の量にとらわれず製作を進めていきます。自分だけの恐竜をつくりたいという思いに近づく表現とは何かと，粘り強く追求していきました。さらに，友人の作品のよさを見つける鑑賞活動を行うことで，造形的な見方や考え方を広げることができました。

　本題材において留意したいことは，以下の３点です。

・作品製作のために材料（芯材，粘土）を十分用意すること

・作品製作の振り返りを行い，自分だけの恐竜に対する考えを言語化し，記録に残すこと

・作品の意図の共有化を図るために言語活動を取り入れ，相互に称賛すること

　この題材を実践すれば，児童も教師も「立体」の楽しさや有用性を感じることができるでしょう。低学年で，立体物の製作を取り組んでみたいと考えている皆さんに，おすすめできる題材です。ぜひ，取り組んでみてはいかがでしょうか。

4 指導過程

① 「恐竜」について考えてみよう　（導入）

- とても大きくて，肉食の恐竜がいるよ
- 今から何万年も前に，地球にいたんだよ
- 隕石のせいで絶滅したって本で読んだよ
- 遠足で恐竜の像を見たことがあるよ
- 今も地球のどこかに化石が埋まっているよ

②　石粉粘土があるよ　（材料との出合わせ）

- たくさんの数の木片や廃材があるよ
- 木片を重ねると大きな恐竜ができそうだよ
- 廃材で色々なパーツをつくれそうだね
- 牙をたくさん付けて強くしたいな
- 大きいつので敵を攻撃するようにしたいな
- 空を飛べる大きな羽を付けたいな
- 大きな足で敵を踏み潰す恐竜にするよ

③　芯材を使って形をつくろう　（製作）

- 木片をつなげると大きくなったよ
- 発泡スチロールブロックに木片を刺して，体にしたよ
- 廃材を使って，羽ができたよ
- 芯材の上から粘土を貼りつけるよ
- たくさん貼るとどんどん大きくなるね
- 牙やとげの先端は粘土で鋭くするよ
- 迫力のある恐竜にしたいな

➡指導ポイント①

- 授業時間ではなく，スピーチや朝の会などの短い時間を使って行うのもよい
- 「恐竜」から連想して話していくのではなく，「恐竜」のもつイメージや，これまでの生活経験にもとづいて話せるようにする

➡指導ポイント②　※①②で１時間

- 材料と出合わせることで，児童は，材料のもつ特徴に気付くようになる
- 芯材を手に取って，つなげて伸ばしたり，貼りつけたりして全体の大きさをイメージできるようにする
- 石粉粘土を手で触った際の感触を確かめ，造形遊びへのイメージをもたせる

➡指導ポイント③

- たくさんの材料を自由に使って，実際に遊ぶようにし，児童の考えたことが製作に反映できるように補助的な物品（粘着テープや紐等）を準備する
- ワークシートに，材料を使ってどのような活動をしたのかを記入させる
- 児童の活動の様子を把握するために，デジタルカメラやビデオで記録する

木片や廃材を貼りつけて芯をつくるよ

どうすれば，迫力のある恐竜になるかな

④　どんな活動をしたのかな　　　（構想）

・恐竜の牙やつののパーツについて考えたよ

・恐竜をつくるときは，迫力が出るように大きくつくるといいよ

・芯をつくるときは壊れないように，針金や粘着テープを使ったよ

・体をつるつるにすれば，敵が噛みついてきても攻撃をかわせるよ

・もっと迫力のある恐竜にしていきたいな

⑤　さらに迫力を出してみよう　　　（製作）

・もっと口を大きく開ければ迫力が出るよ

・尻尾の部分にもっと粘土を貼りつければ，太くなって格好いいよ

・翼を大きく広げると，大空に飛び立っているみたいで迫力が出るよ

・粘土の表面を削って，ごつごつした体にすれば強さが上がるよ

・オリジナルにして，つのをもっと増やしてみたよ

・もっと足を太くして，さらに敵を踏み潰せるようにするよ

・尻尾の先端のとげを，さらに大きくして誰にも負けない世界一の恐竜にするよ

・体にあえて傷を付けることで，敵の恐竜が強そうだと思ってびっくりするよ

・爪の先の細かい部分も尖らせるよ

⑥　みんなの活動を見てみよう　　　（鑑賞）

・大きな口が開いていて，今にも敵に噛みついて攻撃できそうだね

・翼を大きく広げているから，素早く飛び立ちそうで大迫力だね

・みんなから恐竜のアドバイスをもらったり，ほめられたりすることは，とってもうれしいし，楽しいね

⯈指導ポイント④

・それぞれの活動を共有化するために話し合いを行う

・自分や友人の作品のよさに気付き，仲間と一緒にさらに作品をよりよくすることができるように，互いに称賛の声かけを行う

・児童には，話し合いで考えたことや次の製作について考えたことや生かせそうなことを振り返りに記入させる

⯈指導ポイント⑤

・話し合いで考えたことをもとに製作を行うようにする

・児童の新たな変容を捉えるように，称賛の声かけをしながらデジタルカメラやビデオで記録していく

・児童には，新たな活動について考えたことを振り返りに記入させる

友人はどうやって迫力を出したのかな

⯈指導ポイント⑥

・鑑賞では，活動や作品がどのように変化していったのか，また，その理由まで児童が語れるようにする

・記録していた写真や動画を使って，児童たちが，どのように製作を進めていたのかを視覚的に示すようにする

・どの恐竜の作品についてもそのよさを認め，称賛の声かけをしていくようにする

（桃野　修太郎）

絵画

立体

工作

造形遊び

鑑賞

⑫ くいず，このどうぶつなんでしょう?

題材の紹介

本題材では，空き箱やトイレットペーパーの芯などの身近な材料を使って，立体的に動物を表現する。教師が「つよい」「ふわふわ」「おしゃれ」などの「様子を表す言葉」を提示し，児童はその中から好きな言葉とつくりたい動物を組み合わせ，「つよいらいおん」「ふわふわなうさぎ」「おしゃれなきりん」などの動物を製作する。

単元の終わりに，どんな動物をつくったかを考え合うクイズ大会を行う。児童は，クイズ大会でみんなに当ててもらいたいという目的をもち，自分のイメージが相手に伝わるよう，色や形，材料の質感を工夫して製作することができる。

8時間完了

1　目　標

・空き箱を貼り合わせたり，異なる材料を組み合わせたりして，立体的な作品をつくることができる。
（知識及び技能）

・つくりたいもののイメージが友人に伝わるように，色や形，材料を工夫し，表し方を考えることができる。
（思考力，判断力，表現力等）

・身の回りにある材料に親しみ，友人と関わって楽しく製作しようとする。
（学びに向かう力，人間性等）

2　準備物等

教師：様子を表すための質感のある材料（梱包材，色紙，毛糸，麻紐，モール，ビニール袋，綿，緩衝材，アルミホイル等），アイデアスケッチのためのワークシート，振り返りワークシート，教師見本

児童：空き箱，トイレットペーパーの芯，様子を表すための材料等，はさみ，のり，木工用接着剤，セロハンテープ

3　評価シート　くいず，このどうぶつなんでしょう？

評価項目	評価場面	評価規準	評価
知識・技能	③⑤	空き箱を貼り合わせたり，異なる材料を組み合わせたりして，立体的な作品をつくることができる。	
思考・判断・表現	②	つくりたいもののイメージが友人に伝わるように，アイデアスケッチができる。	
	③⑤	色や形，材料を工夫し，表し方を考えることができる。	
主体的に学習に取り組む態度	④⑥	身の回りにある材料に親しみ，人と関わって楽しく製作しようとしている。	

授業づくりのアドバイス

　この題材は，図画工作科における「主体的・対話的で深い学び」を実現するための手立てを探って実践したものです。主体的な学びのもとである，児童の「つくってみたい」という願いを引き出すために，豊富な材料や教師見本，クイズ大会形式の作品鑑賞会の設定など，実態に合わせて工夫をしました。対話的な深い学びの実現のために中間鑑賞会としてミニクイズ大会をし，友人と関わる場面を設定しました。ミニクイズ大会では，自分のイメージした様子が友人に伝わるかを試し，それまでの自分の製作を振り返ることができます。一度完成した作品を見直し，さらに製作を深めることができるようにしました。

　1年生での実践でしたが，児童はそれぞれに思いをもって製作をし，完成まで楽しんで取り組むことができました。またこの実践で，見慣れた身の回りにあるものがおもしろい材料になることを知り，他の授業でも様々な材料を組み合わせて思いのままにつくることができるようになりました。

　色，形，手触り，見た目といった図画工作的な見方・考え方を大切にして，製作させるために，見本となる材料を豊富に用意することが大切です。材料のもつ魅力から，児童は自由に発想を広げていくことができると思います。

絵画

立体

工作

造形遊び

鑑賞

4 指導過程

① **どんな動物をつくろうかな** （導入）

教師見本を使ってクイズをし，自分たちもクイズ大会をすることを知り，どんな動物がつくりたいか考える（製作の見通し）。

・私は「きらきらか」「ふわふわ」がつくってみたいな

・早くクイズがしてみたいな

② **どんな○○な動物をつくろうかな**（表現）

「様子を表す言葉」を選び，どんな動物をつくるかアイデアスケッチをする。必要な材料を考える

・「きらきら」なキリンだから，光る折り紙を使おうかな

・「ふわふわ」なうさぎは毛糸を使おうかな。綿も使おうかな

③ **○○に見えるようにするには，どうしたらいいかな** （表現）

アイデアスケッチをもとに材料を用意し，製作する

・きらきらなモールをひげにしよう

・スポンジもふわふわしてるから貼ってみよう

④ **ぼく・私の動物が，○○に見えるように，もっと工夫できるかな** （鑑賞）

4〜5人のグループになり，製作した動物を使って，ミニクイズ大会をする（中間鑑賞会をする）。友人と作品を見合い，工夫するとよいところを話し合う。アドバイスをもとに製作をする

・この動物何でしょう？

・きらきらの飾りがいっぱいあるから「きらきら」なキリンかな

・もっときらきらしたものを増やすといいよ

⮕指導ポイント①

・様子を表す言葉に合う動物をつくってみたいという思いを高めるため，イメージに合う材料を提示する（綿，モール，キラキラした飾りやシート，スポンジ，緩衝材など，児童の身の回りにあるもので魅力を感じる材料を用意する）

・「様子を表す言葉」として，①きらきら②おしゃれ③ふわふわ④つよい⑤もじゃもじゃ⑥からふる⑦とげとげ⑧ふさふさ⑨ばくばく⑩ぱたぱた⑪ぐるぐる⑫なが〜いなどのオノマトペを提示する

⮕指導ポイント②

・手触りや見た感じからイメージが広げられるよう，①で用意した材料を十分に触らせ，遊ばせる

⮕指導ポイント③

・技能の指導として，箱を切って開いたり，切り込みを入れて箱を接着する方法や木工用接着剤の使い方を伝える。「わざのひろば」コーナーに見本を提示する

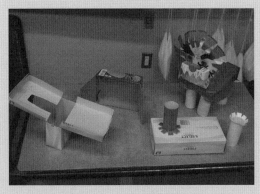

教師見本と「わざのひろば」

・材料をもとにイメージをふくらませることができるよう，自由に使える「ざいりょうひろば」コーナーを用意する。

「ざいりょうひろば」

⑤ もっと○○に見えるには，どうしたらよいかな　　　　　　　　　　　（鑑賞）

アドバイスをもとに製作する

・綿が多すぎて「ふわふわ」に見えちゃったから，なくしてみよう

・モールを増やして，もっと「とげとげ」にしよう

・友人からアドバイスをもらったから前より「きらきら」に近づいたよ

⮕指導ポイント④⑤

・ミニクイズ大会の結果や友人からのアドバイスをもとに，さらに工夫できるところがないか考えさせる。児童の製作の様子に応じて，新たに材料を追加し，意欲づけする

ミニクイズ大会の様子

⑥ 「くいず，この動物なんでしょう？」をしよう　　　　　　　　　　（振り返り）

クイズ大会をし，製作を振り返る

・ぼくの「ふわふわ」は友人に当ててもらえたよ

・このきらきらの紙，また使ってみたいな

⮕指導ポイント⑥

・作品を使って，楽しくクイズ大会を行い，つくり上げた喜びを味わえるようにする。製作の振り返りを行い，がんばったことやよかったこと，また使ってみたい材料等をワークシートに記入させる

（神谷 由紀子）

⓭ はこからとびだす！？

　息を吹き込むとふくらむビニール袋の特性を生かした仕組みを使って楽しいおもちゃをつくる題材である。また，箱と箱の組み合わせや接着，着色や飾りつけなど，今までの造形体験で学習したことが活用できる機会が多い題材でもある。ビニール袋は，低学年の児童でも扱いやすく，完成した作品は自分だけではなく，友人に見せて一緒に楽しむことで，満足感や達成感を味わうことができるだろう。つくっては友人と遊び，遊んではつくり替えるという過程を大切にすることで，新たなアイデアが浮かぶなど，楽しみながらおもしろい仕掛けを工夫し活動が広げられる題材である。また，袋や箱の種類をたくさん用意することで，その中から好きな材料の組み合わせを選ぶなど，材料の色や形からも様々発想に生かすことができるだろう。

6時間完了

1　目　標

・ビニール袋がふくらむようにストローに留め，飛び出すものの材料を工夫することができる。

(知識及び技能)

・箱から飛び出すものを思いつき，飛び出したらおもしろいものや効果的に見える形や色などを考えることができる。　　　　　　　　　　　　　　　（思考力，判断力，表現力等）

・作品を動かして見せ合うことで，表現のよさに気付くことができる。

(学びに向かう力，人間性等)

2　準備物等

教師：傘袋，ビニール袋，ゴム手袋等

　　　全児童が好きな形を選択できるように様々な大きさや種類を用意する（本実践では，傘袋1種類，ビニール袋大・中・小の無色・有色6種類，ゴム手袋を使用）。

　　　空き箱（大きさや形，色ごとに分けて置くことで，使いたい箱を取りやすくする）

　　　ストロー（長さや太さ，色ごとに分けて置くことで，使いたいストローを取りやすくする），ワークシート

児童：セロハンテープ，はさみ，ビニール袋に直接書くための油性ペン

③ 評価シート　はこからとびだす！？

評価項目	評価場面	評価規準	評価
知識・技能	①②③	ビニール袋という材料の特徴を捉えることができる。	
	④	ビニール袋がふくらむようにストローで留め，飛び出すものの材料を工夫できる。	
思考・判断・表現	⑤⑦	箱から飛び出すものを思いつき，形や色などを考えることができる。	
主体的に学習に取り組む態度	⑥⑧	作品を見せ合いながら，よさやおもしろさに気付いている。	

授業づくりのアドバイス

　ふくらましたビニール袋が箱から飛び出すという簡単な仕かけを使った楽しみながら製作できる題材です。中身が見えない箱からどんなものが飛び出してくるかというおもしろさや楽しさを感じられます。仕かけを使った動きや形の出現の工夫という自分の思いを表現していく楽しさを感じられる題材です。

　本実践を行うにあたり，低学年の児童にとって，袋とストローの接着は困難な作業と予想し，製作のはじめに技術的な支援として，基本となる仕かけの一斉指導をしました。ストローの先に袋をかぶせ，特に右図にある２箇所をセロハンテープで留めるよう伝えました。ふくらませるために袋とストローのつなぎ目をしっかりと接着することで，児童は空気が漏れなければ袋がふくらむことを理解することができました。また，材料に慣れ親しんでいるうちに，袋が大きすぎると息が続かず，袋をふくらませることが難しいことに気付く児童もいました。

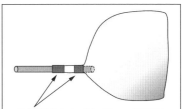

２箇所をセロハンテープで留める。袋の中のストローの先は、空気が出るように十分出す。

　児童は，材料場にあるたくさんの材料を見て，自分の表現したいものに合う材料を探し，いきいきと活動していました。グループにして他の児童の表現を見合いながら製作したことで，自分の表現の工夫を友達に伝えたり，友達の表現の工夫を聞いたりしながら，楽しそうに製作していました。つくっては遊び，遊んではつくり替えるなど，作品がどんどん変わっていく様子が見られました。また，うまく表現できない場合には，どうすればよいか話し合って児童同士でアドバイスをしていました。鑑賞会後には，児童の中から，「家に帰ったら，別の袋を使ってつくってみよう」という声が上がりました。児童が主体的に活動に没頭していく姿が多く見られます。ぜひ，やってみてください。

4 指導過程

① 材料について知っていることを紹介しよう （材料に興味をもつ）

・スーパーの袋があるよ
・お店に入るときに入口に置いてある傘を入れる袋も見たことがあるよ
・手術とかトイレ掃除で使っているゴム手袋も袋のような気がするな

知っている袋の絵をかく
様子

② 袋と慣れ親しもう （材料と慣れ親しむ）

・色々な大きさの袋があるね
・おもしろい形だったよ
・色が違う袋があるね
・たくさん空気を入れると，袋がパンパンにふくらんだよ
・空気がすぐ出て，しぼんじゃうから，どうしようかな

③ 袋を箱の中に入れてストローで袋をふくらますとどんな作品ができるか考えよう （見通しをもつ）

・上に飛び出すことだけだと思っていたけど，横に飛び出したり，下に飛び出したりもできるから色々やってみたいな
・袋をたくさん使ってみるとおもしろそうだな
・袋の中に何か入れて音が鳴るようにしてみたいな
・箱を２つ使ってつくるとおもしろそうだな
・色が付いている袋を使ってつくろうかな

➲指導ポイント①
・日常生活で使う袋を想起させる
・大きさや形の違いなど様々な種類の袋があることを話し合わせることで，材料に興味をもたせる

➲指導ポイント②
・様々な種類の袋を手に取り，各自でじっくり見たり，触ったりすることで，材料の材質の特徴をつかむ
・袋を使って，袋をふくらませるゲームをすることで，「ふくらんだ後の大きさや形」「ふくらませるときに必要な息の量」に注目させ，材料と慣れ親しみながら今後の活動につなげていく

袋をふくらませる児童

➲指導ポイント③
・箱から飛び出す「動き」や「形」のおもしろさや楽しさを感じることができるような参考作品を提示する
・セロハンテープやはさみなどの用具の使い方をしっかりと確認する

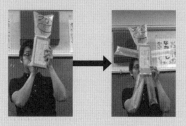

教師の参考作品提示

④　材料を選んで作品を考えよう　　（構想）

・傘袋で火山が噴火したところにしたいな

・箱を組み合わせると口みたいになるよ

材料場で傘袋を手に取る様子

⑤　袋が飛び出すおもしろさを生かした作品
　を作ろう　　　　　　　　　　（表現）

・みんなの作品を見ながらつくることができ
　て楽しいな

・色の違う袋を使ってみようかな

⑥　グループミニ鑑賞会をしよう　（鑑賞）

・おもしろい飛び出し方だね

・どうやってつくったのか教えて

グループミニ鑑賞会の様子

⑦　さらにおもしろくしてみよう　（表現）

・袋を増やしてみようかな

・うまくふくらまなかったから，もう一度セ
　ロハンテープを貼ってみよう

⑧　鑑賞会をしよう　　　　　　　（鑑賞）

・お化けが箱から飛び出すように手袋を使っ
　てみたよ

・サメが飛び跳ねたときの水しぶきのような
　水玉柄の袋を使ってみたよ

⭕指導ポイント④

・教室に材料場をつくり，たくさんの材料を
　種類ごとに分けて置くことで，色々な材料
　を試すことができるようにする

・ストローと袋の接着方法を説明し，基本的
　な仕組みを生かし，箱と袋を使って飛び出
　す楽しいおもちゃをつくることを伝える

⭕指導ポイント⑤

・4人グループで活動することで，友人の製
　作の様子や製作途中の作品を見て，互いの
　表現の工夫を見合い，表現の向上を目指せ
　るような環境づくりをする

⭕指導ポイント⑥

・作品をグループで発表し合うことで，お互
　いの表現の工夫を見合い，自分の作品の表
　現活動につなげる

⭕指導ポイント⑦

・前時のミニ鑑賞会での経験を生かすことで，
　作品を修正したり，つくり替えたりする

⭕指導ポイント⑧

・自分や友人の作品を鑑賞し，材料の選び方
　やつくり方など，視点を明確にして作品の
　おもしろさや楽しさに気付かせる

・友達に自分の作品のよさを認めてもらうこ
　とで，満足感や喜びを味わえるような話し
　合いの場を設定する

・鑑賞をした感想をワークシートにかくこと
　で学習全体の振り返りをする

鑑賞会の様子

（武田　敬介）

⓮イメージをふくらませてつくろう　あそぼう　かんじよう
〜友人と関わり合いながら町づくりを楽しむ〜

題材の紹介

「こんな家に住んでみたいな」というキーワードから発想を広げ，身近にある箱を使って家をつくる。家を町として飾り，町探検の気分で鑑賞会を行う。個人でつくる，鑑賞する，友人とつくる活動が連鎖して児童が主体的に表現できる題材。

8時間完了

1　目　標

・つくりたいものに合わせて材料を選び，その組み合わせ方や切り方，接着の仕方を考えることができる。　　　　　　　　　　　　　　　　　　　　　　（知識及び技能）

・「ゆめの町」という言葉から住んでみたい家を想像したり，箱を積み重ねたり，切り開いたりした箱の形から家のイメージをふくらますことができる。　（思考力，判断力，表現力等）

・それぞれがつくった家を並べて町にし，町探検して遊びながら互い作品のよさを感じることができる。　　　　　　　　　　　　　　　　　　（学びに向かう力，人間性等）

2　準備物等

教師：様々な大きさや形の空き箱，はさみで切ることができるプラスチック容器，紐，発泡スチロール，やわらかい針金，色紙，色画用紙，お花紙，ボタン，ペットボトルキャップ，割りばし，ウレタン管，木工用接着剤，町にする3m四方紙，ワークシート

児童：ティッシュペーパーやお菓子などの空き箱（大きさや形が違うもの），はさみ，のり

クラスで使う材料（左）とグループで使う材料（右）

3 　評価シート　イメージをふくらませてつくろう　あそぼう　かんじよう

評価項目	評価場面	評価規準	評価
知識・技能	③	材料を選び，つくりたいものを自分なりに工夫して表わすことができる。	
思考・判断・表現	⑤	友人と話し合いながら思いをふくらませ，つくりたいもののイメージをもつことができる。	
	③⑥	材料の特性を生かして，表したいもののつくり方を考えることができる。	
主体的に学習に取り組む態度	⑤⑧	自分や友人の表現のよさやおもしろさに気付き，相手に伝えようとしている。	

授業づくりのアドバイス

　授業の後は，製作途中の家を教室後方に置いておきました。すると，休み時間も教室の後ろに置かれた製作途中の家には，自然と児童が集まり，自分の家を見せ合う姿がよく見られました。一つひとつの家に夢が詰まっており，その家を町にすることで，さらに児童の発想が広がります。個人の製作からグループの製作に自然と活動が移行していきます。児童が主体的に製作を進めることのできる題材です。はさみで切る。のりしろを考えて接着する。紐を結ぶなどの様々な工作要素を身に付けている3学期に実践するのがおすすめです。

〈指導ポイント〉

・発想の段階，製作途中の鑑賞会では，自由につぶやける雰囲気をつくる
　（お互いの発言がヒントになる）

・つくり方のヒントになるコーナーの設置，異なる素材の材料の用意など，製作環境を整える（製作意欲が持続する）

・作品鑑賞は，自分をかいた分身人形を持って鑑賞させる
　（作品の中で遊ぶことで，作者の思いや製作の工夫に気付くことができる）

　最後は，自分たちの町とお別れするのが寂しくなるくらい，作品に愛着をもつ姿が見られます。ぜひ，実践してみてください。

① 「一ねん一くみ　ゆめのまちさんちょう
め」どんな家に住んでみたいか考えよう
（イメージづくり）

・お菓子の家，ロケット

・温泉がある家

・家の中で雪遊びができる家

・ブランコやトランポリンがある家

・エレベーターがある家

・宇宙に行ける家

② 箱を積んだり，箱の一部を切ったりして
家の形を考えよう　　　　　　　（構想）

・高い家にしたいから，箱を上にのせよう

・筒の形を使うと，きのこの家みたいだね

・上の部分を切って，部屋が見えるようにし
よう

・筒の形の箱で，滑り台ができそうだな

③ 材料やつくり方を工夫して，住んでみた
い家をつくろう　　　　　　　　（表現）

・動くエレベーターをつくりたいよ，紐を付
けて引っ張るとよさそうだな

・階段をつくりたいな，どんな材料でつくっ
たらいいかな，ひらめきコーナーの折り方
が使えそうだよ

・虹色の滑り台がつくりたいよ，セロハンを
使うといいかな

・長い滑り台をつくりたいよ。筒の形の箱を
切ってつなげよう

・接着剤がなかなか付かないときは，洗濯ば
さみで挟むといいよ

④ みんなの家を見てみよう　　　（鑑賞）

・友人は，どうやってつくっているのか知り
たいな。つくり方を聞いてみよう

⮕指導ポイント①

・形だけでなく思いをのせた発想を促すため
に，児童と対話をすることでイメージが広
がる
例：「滑り台が付いた家がいいな。滑って
一階に行けたらいいから」

・どんな家に住みたいかを一人ひとり発表さ
せ，それを板書することで，児童のイメー
ジが広がる

⮕指導ポイント②

・箱を積み木のように積んだり，並べたりと
試す時間を保証する。また，箱の一部を切
ると，入り口や壁ができることを実演しな
がら説明すると，手順や道具の使い方を確
認できる

⮕指導ポイント③④

・座席は，つくりたいものが似ている児童た
ちでグループにすると効果的

・十分な材料を用意し，使う頻度に合わせ
て，グループの材料，クラスの材料と分け
て置くことで材料を選びやすくなる

・つくり方のヒントを示す「ひらめきコーナ
ー」を設けると製作のイメージが広がる

階段をつくるならどれがいいかな

⑤　見て見て，ぼく・私の家　　　　（鑑賞）

・ぼくは，お風呂をつくりました，ボタンを右に回すと水が出て，左に回すとお湯が出ます

・ボタンが付いているね，お湯が出るのがいいね

⑥　みんなの家を飾って「一年一組ゆめのまち」をつくろう　　　　（鑑賞・表現）

・みんなの家を並べたら，町ができたよ

・ぼくは，Cさんの隣に家を置いたよ

・エレベーターにのせてもらってうれしいな

・展望台が付いている家もあるよ，眺めがいいね

・公園があったらいいな

・道路があったら車が走れるね

・みんなで，もっとつくりたいね

⑦　道路や山，川をスタンプしてつくろう　　　　（表現）

・私は，家から続く道をつくるよ

・道をくっつけてもいいかな。いいよ

・ここに川があるといいよね

・ぼくは，海があるといいと思うよ

・お店もあるといいね

・バスもつくりたいな，ねぇ，一緒につくろう

⑧　みんなで町探検に行きたいな　　　　（鑑賞）

・公園で一緒に遊ぼう

・Dさんの家の布団は，めくれるよ

・Eさんの家には，隠れ部屋があったよ

児童の感想
　どんどんやって，ブランコ，エレベーターやプールができてうれしかった。みんなでスタンプをしたのもたのしかった。最後に町に家を置いて遊んだときも楽しかった。自分の家に帰って家族と遊ぶよ。

➡指導ポイント⑤

・何をつくったのか，どんなことができるのかなどを問いかけると，児童の思いを聞くことができる

お風呂付きの家が完成したよ

➡指導ポイント⑥⑦⑧

・３ｍ四方の白い紙を用意すると大きな紙の登場に児童の意欲が高まる

・友人の家に遊びに行くときには，紙でつくった自分（分身人形）を持って出かけさせる。遊びながら作品鑑賞ができるので，つくりたいものを発想することができる

・スタンプの道具は，100円均一で販売している長いウレタン管を切って使う。切り方によって，円や半円，長方形などの形を押すことができ，場面によって使い分けることができる

スタンプをして川や広場をつくる

（鳥居　光世）

⓯ ぼく・わたしの　わくわく　おさかなランド

題材の紹介

　海に見立てた教室に，自分だけの魚を泳がせます。壁に貼りつけるだけでなく，天井から魚を吊るすことで，児童は本当の海の中にいるような感覚で，楽しみながら魚の色や模様を見たり考えたりできる題材。

8時間完了

1　目　標

・魚の色や模様について，イメージに合わせて色や形を選択したり，大小大小や赤青赤青
　等のように配置の仕方を工夫したりすることができる。　　　　　　　　　（知識及び技能）
・自分や友人が表現した魚の色や模様のイメージを伝え合ったり，色や形が組み合わさるよさ
　を感じたりすることができる。　　　　　　　　　　　　　（思考力，判断力，表現力等）
・「わくわく」という言葉から想像を広げ，魚の色や模様を意欲的に追求している。

（学びに向かう力，人間性等）

2　準備物等

教師：四ツ切画用紙（吊るす魚と同じ形の輪郭を油性ペンでかいておく）
　　　発泡スチロール（厚さ3㎝）を切ってつくった魚（スチロールカッターで切って準備する）
　　　たこ糸（天井に画びょうで固定する），S字フック（たこ糸と結び，魚が取りつけられるようにする），クリップ（5㎝以上の大きめのサイズがよい），白の粘着テープ（クリップや「着せ替えスーツ」の接着で使う），青色のポリ袋（切り込みを入れて天井や壁に貼りつける。展示用パネルを壁にすると貼りやすい），いいねカード
児童：はさみ，プラスチック色鉛筆

3 評価シート　ぼく・わたしの　わくわく　おさかなランド

評価項目	評価場面	評価規準	評価
知識・技能	⑤	イメージに合わせて魚の色や模様を考えて選択したり，配置の仕方を工夫したりして表現することができる。	
思考・判断・表現	④⑥	魚の色や模様の工夫を根拠をふまえて伝え合ったり，色や形が組み合わさるよさに気付いたりすることができる。	
主体的に学習に取り組む態度	③⑤	より「わくわく」する魚の表現にしようと，何枚も試したり比較したりしようとしている。	

授業づくりのアドバイス

　「わくわくおさかなランド」は，展示の仕方にこだわった題材です。作品をかけたり置いたりするのではなく，教室を青くし，天井から魚を吊るすことで，児童の目線に魚が泳ぎ，本当の海の中にいるような環境で鑑賞できます。また，魚は性差を問わず愛着のもてる生き物です。また，その模様は様々であり，児童が自由な模様を表しても不自然ではありません。「着せ替えスーツ」と称した取り外しのできる画用紙を数枚用意しておくことで，児童は自由に試しながら，表したい魚の色や模様を見つけていくことができます。「わくわく」というキーワードを製作の中で絶えず意識させることも重要です。「何となく」ではなく，鑑賞で得た工夫を生かしながら「わくわく」する魚の色や模様を追求していくため，児童の色や形に対する見方や考え方，感じ方は大きく広がっていきます。

　今回の実践では，児童は吊るした自分だけの魚の色や模様を重点的に追求していきましたが，授業以外の時間でも画用紙の切れ端を見つけては魚やサンゴ，海藻などをつくり，海に見立てた教室の壁に貼りつけるなど意欲的でした。教室を海に見立てるために青色のポリ袋を天井や壁に貼りつけたり，一人ひとりが違う形の魚を用意したりするなど準備に時間がかかりますが，「教室が海になった！」と大喜びし，胸を躍らせながら「わくわくおさかなランド」をつくっていく児童の姿が期待できます。

4 指導過程

① 「こんなお魚かってみたいな」 （導入）

・かっこいいサメのようなお魚がいいな

・かわいいマンボウのようなお魚を飼ってみたいな

② 大きな海の教室に白い魚が泳いでいるよ （イメージづくり）

・「こんなお魚かってみたいな」で考えたお魚がいるよ

・色を塗ったら，もっときれいになりそうだよ

・みんなのお魚に色を塗って，わくわくする「おさかなランド」にしたいな

③ みんなでつくってみるよ （表現）

・わくわくさせるために，かっこいい赤や青をたくさん使ったよ

・黄色の上に赤を塗るときれいでわくわくしたよ

・わくわくさせるために，ハートの模様をかいてかわいくしたよ

・ぎざぎざの模様を入れたら，尖って強そうになったよ

●指導ポイント①②

・「こんなお魚かってみたい」というテーマで簡単な魚の絵を1人1つかかせておき，その絵をもとに，教師が発泡スチロールでつくった白い魚に出合わせることで，「自分が考えたお魚がいる」と魚に愛着がもてるようにする

・青色のポリ袋と展示用パネルを使い，教室を海の中に見立てることで，海の中に入ったような感覚で楽しみながら製作を続けていくことができる

・空き教室を使ったり図工室を一定期間使わせてもらったりすると，製作がしやすい

海の中に見立てた教室に出合わせる

●指導ポイント③

・プラスチック色鉛筆を使うことで，比較的速く塗ることができ，細かい表現も可能

・「わくわく」という共通したキーワードを目指しながら色や形を考えるように促し，鑑賞における見方の視点をもたせておくとよい

④ 「わくわくおさかなランド」になったか
　見てみるよ　　　　　　　　　　（鑑賞）
・赤と青の線がかっこよく見えるよ
・ぎざぎざの模様が強そうに見えてわくわく
　するよ
・色や形の置き方を考えると，もっとわくわ
　くするお魚になりそうだよ

⑤ もっとわくわくするお魚にするよ
　　　　　　　　　　　　　　　　（表現）
・いろんな色を使って虹色のお魚をつくって
　いたけれど，赤青黄緑と繰り返してかいて
　みようかな
・ハートの形がかわいくてたくさんかいてい
　たけれど，大小大小と組み合わせたらもっ
　とおもしろそうだよ

⑥ みんなのお魚のいいところを伝え合うよ
　　　　　　　　　　　　　　　　（鑑賞）
・黄色の上に青色の水玉が塗ってあって，と
　てもきれいに見えるよ
・赤や青がたくさん使ってあるお魚だから，
　やっぱりかっこよく見えるね
・黄色のぎざぎざの模様が雷みたいで強そう
　に見えるよ

⑦ 「わくわくおさかなランド」にみんな
　を招待するよ　　　　　　　　　（鑑賞）
・お兄さんやお姉さんから，「すごいね」っ
　てほめてもらったよ
・お家の人から，がんばってかいたお魚の模
　様を「きれいだね」って言ってもらえてう
　れしかったよ
・「わくわくおさかなランド」でみんなを喜
　ばせることができてうれしかった

○指導ポイント④
・「おさかなランド」を一通り見た後，自分
　の魚を取り外して手に持ち，工夫した点に
　ついて説明したり，その表現についてどう
　思ったかを伝え合ったりする
・「わくわく」になるための児童の考えを，
　「色」「模様」「色や形の組み合わせ方」等
　の視点で整理して板書し，価値づけること
　で，何となく表すのではなく，これらの視
　点を考えながら製作するとより「わくわく
　するお魚になる」ことに着目させていく

○指導ポイント⑤
・「発泡スチロールと画用紙を組み合わせた
　魚」を扱うようにすることで，何度でもか
　き替えたり比較したりしながら表現を楽し
　めるようにする

何度も試す（4枚目の作品）

○指導ポイント⑥⑦
・「いいねカード」を用意し，魚の色や模様
　を見てどんなところがよかったかを確認で
　きるようにする

　　　　　　　　　　　　　　　（原田　健一）

⑯ ぼうしをかぶって

題材の紹介

絵本『ミリーのすてきなぼうし』の世界に入り込んで楽しく発想することができる。最後はつくった帽子をかぶってファッションショーをして鑑賞まで楽しめる題材。　　　　6時間完了

1　目　標

・様々な材料や技法を使って表したい帽子になるように工夫してつくっている。

（知識及び技能）

・帽子の形や色，飾りなどを工夫し，自分独自の帽子のデザインを考えることができる。

（思考力，判断力，表現力等）

・作品を身に付けて見せ合い，自分の作品のよさを伝えたり，友人の作品のよさに気付いたりすることができる。　　　　　　　　（学びに向かう力，人間性等）

2　準備物等

教師：『ミリーのすてきなぼうし』（きたむらさとし作，BL出版）の本

基本の帽子製作用画用紙2枚（四ツ切画用紙1枚，四ツ切画用紙を細長く半分に分けたもの1枚），両面テープ

頭が大きい児童には細長い紙に両面テープで長さを付け足したものを使わせる。

色々な帽子の写真（インターネットでつばやかぶる部分の形が違う帽子の写真を検索し，印刷しておく），基本の形の帽子（一斉指導でつくるものと同じものを準備しておく），基本の帽子が入る箱（リボンをかけておくとさらに雰囲気が出る），ワークシート（帽子の構想用・作品紹介用・鑑賞用），探検バッグ

児童：帽子の飾りになるもの（例：毛糸，ボタン，リボン，色紙，ストロー等），鉛筆，木工用接着剤，はさみ，セロハンテープ

　評価シート　ぼうしをかぶって

評価項目	評価場面	評価規準	評価
知識・技能	⑤⑥	様々な材料や技法を使って表したい帽子になるように工夫してつくることができる。	
思考・判断・表現	④	帽子の形や色，飾りなどを工夫し，自分独自の帽子のデザインを考えることができる。	
主体的に学習に取り組む態度	⑦	作品を身に付けて見せ合い自分の作品のよさを伝えたり，友人の作品のよさに気付いたりしている。	

授業づくりのアドバイス

　この題材は，絵本『ミリーのすてきなぼうし』の「大きさも形も色も，自由自在になる，すばらしい帽子です」という台詞から始まります。お話の世界に入れば図画工作が苦手な児童も楽しく発想することができます。

　１番難しいところは，基本の帽子をつくるところです。自分の頭に合わせた大きさの帽子をつくる必要があるため，サイズを計る必要があります。また，頭のかぶる部分とつばを接着する作業は友人の手を借りずにはなかなかできません。２人１組のペアをつくらせ協力して行うと同時に，接着の方法や穴を開ける方法など丁寧に教えていきたいところです。

ファッションショーの様子

　たくさんの帽子の写真や色々な紙の加工方法を知らせることで，児童はどんどん新しい飾りを増やしたり，形を工夫したりしておもしろい作品を完成させることができます。切る，折る，曲げる，貼るといった紙の扱い方をたくさん教えてあげてください。

　最後のファッションショーでは思い思いのポーズでつくった帽子を友人に見せます。自分でつくったものを身に付けたときの喜びは大きく，帽子をかぶって歩く児童の姿も誇らしげです。ファッションショーとして臨む鑑賞の時間は普段と一味違い，笑いや歓声が起こります。ぜひ，この題材を通して図画工作の楽しさを児童に教えてあげてください。

絵画　立体　工作　造形遊び　鑑賞

① **色々な帽子があることを知ろう**

（イメージづくり）

・リボンの形の帽子だ

・あっちは海賊のかぶっている帽子だよ

・王様のかぶっている冠もあるね

② **どんな作品をつくるのかを知ろう**

（イメージづくり）

・帽子をつくるんだ

・できるかな，難しそう

・本当につくれるのかな

・ぼくはどんな帽子をつくろうかな

③ **帽子のつくり方や材料を考えよう**

（イメージづくり）

・つばを大きくつくれば魔女の帽子になるよ

・つばを折ってみると海賊の帽子みたい

・飾りに紐を用意しよう

・折り紙や画用紙があるとたくさん飾りが付けられそう

④ **自分だけの帽子を考えよう** （構想）

・かわいいうさぎの帽子がつくりたいな

・魚釣りが好きだから魚釣りの帽子

・花をたくさん付けて花の帽子にしよう

・飾りつけに色紙と画用紙を持ってこよう

・ストローや毛糸があったら，おもしろい飾りが付けられそうだね

⑤ **基本の帽子をつくろう** （表現）

・細長く半分に切った画用紙の長いほうの辺を端3㎝のところで折って折り目を付ける

・折った部分を元に戻した後，筒状にして頭に巻き，テープで固定して，頭の大きさに合った筒をつくる

⮕**指導ポイント①**

・色々な形の帽子の写真を見せる

・これは何でしょう

⮕**指導ポイント②**

・『ミリーのすてきな帽子』を読む

・「大きさも形も色も，自由自在になる，すばらしい帽子です」と言いながら，基本の形の帽子を箱から出して見せる

・自分だけの帽子をつくることを知らせる

⮕**指導ポイント③**

・どうしたら色々な形の帽子をつくることができるかを考えさせる

・どんな材料が使えるか考えさせる

・色々な形の帽子のつくり方をみんなで考え，自分でつくることができるというイメージをもたせる

・基本の帽子を触らせながら，つくり方を説明させる

⮕**指導ポイント④**

・『ミリーのすてきな帽子』にどんな帽子が出てきたかを思い出させる

・いろんな帽子がありましたね。じゃあ，どんな帽子がつくりたいですか

・基本の帽子を再度見せ，かぶる部分やつばの形を自由に変えてもいいことを知らせる

・どんな材料が必要かも考えさせる

⮕**指導ポイント⑤**

・2人1組のペアを決め助け合って行わせる

写真1

写真2

・筒状にした紙をもう1枚の画用紙の真ん中にのせ，筒の穴と同じ大きさの円をかく（写真1）
・画用紙にかいた円の中心を少し折ってはさみを入れ，鉛筆の線に沿って穴を開ける（写真2）
・筒の端から折り目があるところまでを切り，筒の端に切れ込みを全体に入れる（3㎝おきくらいがよい）
・筒をもう一方の画用紙の穴の中に入れ，切れ込みの部分にテープを貼って接着する（写真3）

⑥　自分の好きな帽子にしよう　　　（表現）
・ここにリボンを付けよう
・つばをもっと大きくしよう
・冠のように帽子の先をぎざぎざにしよう
・折り紙で模様を付けよう
・家の帽子っていうのがよくわかるように煙突を付けてみようかな
・○○ちゃんのように細く切った画用紙をたくさん付けてみよう

⑦　ファッションショーの準備をしよう　（鑑賞）
・家の帽子です。えんとつを長くつくったのがポイントです。家みたいに見えるように，窓や屋根も付けました
・食べ物の帽子です。付いているストローで歩きながらジュースも飲めます
・王様の帽子です。キラキラの折り紙を使っていっぱい宝石を付けました

⑧　ファッションショーをしよう　　（鑑賞）
・○○さんの帽子はきらきらの飾りがたくさん付いていてきれいだった
・○○さんの帽子は魚釣りができるからいいなって思った

写真3

でき上がり

・筒の上の部分やつばの部分は児童の好きな形につくらせる
⮕指導ポイント⑥
・できるだけ自分のイメージに近い作品ができるように工夫しよう
・切る，曲げる，折る，貼るなど紙を使った表現を紹介する
・友達の作品を見て，よいところをまねしよう
・よい表現をしている児童の作品を紹介する
⮕指導ポイント⑦
・帽子の名前（○○の帽子）と帽子のよいところをワークシートにかく
・自分の帽子を見せるときのポーズを考える
・4～6人のグループをつくり，グループごとに発表の順番を考え，作品を身に付ける人（自分）作品の紹介をする人（友人）の順番を考える
・友人に紹介文を読んでもらい，ランウェイを歩いたり，ポーズを決めたりする練習をさせる
⮕指導ポイント⑧
・両側に机と椅子を移動し，真ん中にランウェイをつくる
・児童に探検バッグとワークシートを持たせ，ワークシートに上手だった人の名前とよかったところをかかせる
・小さい音で音楽をかけるとより，ファッションショーの雰囲気が出る　　　（風間 麻衣）

🔢 すみ・木のみリース

題材の紹介

　自分たちが拾った木の実を，本校にある釜で焼いて炭にしたものなどを生かしてしてリースをつくることで，地域や自分の作品に愛着をもって表現できる題材。

〈簡単なプロセス〉

①木の実を拾う。

②白段ボールを円形に切る。

③木の実や造花の配置を考え，グルーガンで貼る。

6時間完了

1　目　標

・段ボールカッターやグルーガンなどの用具を安全に使い，自分の構想した通りにリースづくりで色や形に表すことができる。　　　　　　　　　　　　　　　　　（知識及び技能）

・リース全体のバランスを考えながら，配置や配色を考えて表し方を工夫して表すことができる。　　　　　　　　　　　　　　　　　　　　　（思考力，判断力，表現力等）

・身近な自然のよさを感じるとともに，木の実をリースにするために地域の方の協力を借りていることに感謝の気持ちをもつことができる。　　　　　　（学びに向かう力，人間性等）

2　準備物等

教師：白段ボール，段ボールカッター

　　　きりと鉛筆を紐で結んだもの2種（内円用紐の長さ10cm・外円用紐の長さ22cm）

　　　低学年でもリースの円がかける方法。リースの大きさ・太さは工夫。

　　　共用水彩絵の具（赤・青・黄・緑・白），グルーガン・グルースティック（炭の木の実でなければ木工用接着剤を使用），付箋，鑑賞プリント

児童：木の実

　　　本校は炭にしたため，もろいものもあり，ニスでコーティングしたものを使用した。炭にしない場合は一度煮沸（なくても可）。

　　　造花・モール・ポンポンなどの飾り（家庭に依頼）

レイアウトを考える

③ 評価シート　すみ・木のみリース

評価項目	評価場面	評価規準	評価
知識・技能	③⑥	段ボールカッターやグルーガンを安全に正しく使うことができる。	
思考・判断・表現	⑤	好きな形や色を選んで，どのように並べるか考えることができる。	
主体的に学習に取り組む態度	①	すてきな木の実を，たくさん見つけようとしている。	
	⑩	身近な自然のよさを感じるとともに，木の実をリースにするために地域の方の協力を得ていることに感謝の気持ちをもとうとしている。	

授業づくりのアドバイス

　この題材は，学校の近くを歩き，木の実をたくさん見つけることで材料に愛着をもつところから始まります。地域の方の力を借りて炭の木の実になったことで，木の実のおもしろさがより引き立ちましたが，炭にしなくても児童が十分に楽しめる題材です。新しい用具（段ボールカッター，グルーガン）を使用することで，児童の作品づくりへの意欲がいっそう高まりました。

　指導で特に強調したいことは，以下の３点です。

・木の実を貼る前に，並べたり置き換えたりして，十分に試行錯誤を楽しませること

・新しい用具の指導では，DVD や教師の実践を見せて正しい使用方法を身に付けられるようにすること

・友人とペアになり，使い方を確認したり協力し合いながらつくること

　初めて段ボールカッターを使う低学年が円を切るのは難しそうですが，実際は円が大きいため，カーブが緩く，十分に可能な活動でした。今回は全員が同じ大きさの円に統一しましたが，円の長さや太さを変えると，違った雰囲気のリースができるので，おもしろいです。

　ぜひ，実践してみてください。

絵画

立体

工作

造形遊び

鑑賞

4 指導過程

① 木の実を使ってどんなものをつくりたいか話し合おう（材料からふくらませて：生活科との関連）

・リースをつくりたいな

・松ぼっくりツリーをつくりたい

② 段ボールに円をかこう　　　　　（技能）

・ぼくが鉛筆を動かすから，○○くんはきりの真ん中を軽く持っていてね

・2人で協力してかこう

③ 段ボールカッターで円を切ろう　（技能）

・2人でしっかり押さえて切ろう

・上手に切れてすごいね

・段ボールカッター名人になりたいな

④ 色を塗ろう　　　　　　　　　　（技能）

・私はピンク色のお花（造花）を持ってきたから，リース（土台）は赤色で塗ろう

・炭の黒が目立つように白色のリース（土台）にしよう

⑤ どこに何を付けようかな　　　　（構想）

・炭の木の実をたくさん付けたいな

・リースの真ん中に細長い竹炭をばってんに付けて，その上にお花を置いてみよう

・お花（造花）と松ぼっくりの炭のお花を合わせるととってもかわいいよ

○指導ポイント①

・本を参考にしながらつくりたいものを挙げると意見が広がる

・話し合いで出た他の意見は生活科の「あきまつり」と関連させ，生活科で製作する

○指導ポイント②

・教師と児童で模範を見せてから作業に入る

・2人1組で円をかかせる

・きりを持っている子は軽くにぎり，きりが回るようにする

・鉛筆を持つ子は紐をぴんと張らせて，かくように指導する

○指導ポイント③

・用具の使い方DVDや教師の実演を見て，危ない使い方，安全な使い方をよく理解した上で活動に入る

○指導ポイント④⑤

友人に安全を確認してもらって作業

・今回は，教師側で赤・青・黄・緑・白の5色の共同絵の具を用意する

・自分の絵の具を使ったり，混色をして塗るのもおもしろい

・リースの上下が分かるように，色を塗った後，きりで上に穴を開けてモールやリボンを通しておく

⑥　**グルーガンで材料をリースに付けよう**
（技能・表現力）
・グルーガンの先や溶けた接着剤は熱くなるから，絶対触っちゃだめだよ
・グルーガンで付けたら30秒動かさないように持っていよう

➲指導ポイント⑥
・教師の実演を見て，使い方をよく理解してから作業に入る
・どこに何を付けるか，配置を決めてから貼りつける
・延長コードをいくつか用意し，児童の待ち時間が短縮できるようにする

⑦　**友人の作品を見よう　（鑑賞）**
・○○くんのリース，真ん中にも飾りが付いていていいね
・○○くんの材料を重ねて貼るのをぼくもやってみよう

➲指導ポイント⑦
・よいところを詳しくかくように指示，机間指導でも声をかける
・鑑賞プリントに自分の作品について，友人の作品についてすごいと思った工夫をかく
・いいな，まねしたいなと思ったところを付箋にかいて渡す

⑧　**飾りを増やそう　（技能・表現力）**

木の実と造花のバランスを考えて

➲指導ポイント⑧
・友人の作品でいいなと思った技を取り入れさせる

⑨　**完成した作品を鑑賞しよう　（鑑賞）**
・前見たときより，豪華になっていてすごくよくなったね
・クリスマスにぴったりのリースができたから，早く飾りたいな

➲指導ポイント⑨
・鑑賞プリントに自分の作品について，友人の作品についてすごいと思った工夫をかかせる
・かいたことを発表し，伝えさせる

⑩　**みんなの作品を展示して多くの人に見てもらおう　（鑑賞）**
・おばあちゃんが，うちにも１つほしいなって言ってたよ
・カラフルでかわいいってほめてもらえてうれしかったよ

➲指導ポイント⑩
・地区のふれあいアート展や校内展示に全員の作品を展示して保護者や地域の方など多くの方に見てもらう

（宇野　理恵）

⑱ ぷくぷくさかな

題材の紹介

　魚の形をもとに，米袋や新聞紙，麻紐など身近にある材料を使って，はさみで切る，ホチキスで留める，木工用接着剤で貼る，色を塗る等，多くの造形体験を楽しみながら，個性あふれる作品ができ上がる題材。

〈簡単なプロセス〉

①ぷくぷく太った魚が海を泳いでいる様子をイメージする。

②米袋を折ったり踏んだり中に入ったりしてやわらかくして，クレヨン・パスでつくりたい魚の形をかく（胴体の太さのまま伸ばす）。

③線の少し外側をはさみで切り，魚の線の上をホチキスで留め，木工用接着剤を塗り込み，洗濯ばさみで留める（そのまま乾かす）。

④裏返し，丸めた新聞紙を詰めて麻紐で縛って尾ひれをつくり，背・腹・尻びれを付ける。

⑤絵の具で色を塗ったり模様を付ける。

⑥うろこ，目玉，口を付けて，学級発表会を行う。

⑦校内や地域の展覧会に展示して，多くの人に見てもらう。

13時間完了

1　目　標

・はさみやホチキスなどの用具を安全に使い，絵の具で色を塗る，接着剤でうろこや目を付けるなど，つくりたい魚を形や色に表すことができる。　　　　　　　　（知識及び技能）

・魚全体のバランス，色や模様の組み合わせを考えながら，表し方を工夫することができる。

（思考力，判断力，表現力等）

・身近な材料によさを感じ，自分のつくりたい形や色にこだわりをもち，魚ができ上がっていくことに喜びを感じながら，根気よくつくろうとする。　　　（学びに向かう力，人間性等）

2　準備物等

教師：魚の図鑑，米袋，新聞紙，麻紐，球形発泡スチロール，カラーメッシュ，モール，水溶性ニススプレー，割りばし，カッターナイフ，木工用接着剤，洗濯ばさみ，共同水彩絵の具，容器，ブルーシート，鑑賞カード

児童：クレヨン・パス，はさみ，ホチキス，水彩絵の具，油性ペン（黒）

3 **評価シート　ぷくぷくさかな**

評価項目	評価場面	評価規準	評価
知識・技能	④⑤⑥⑩	はさみやホチキス，木工用接着剤，絵の具を正しく安全に使うことができる。	
思考・判断・表現	⑨⑪	魚の形やうろこ，目玉，口の形をよく考えて工夫することができる。	
	⑩	魚の色をよく考えて塗り，気に入った色をつくることができる。	
主体的に学習に取り組む態度	⑦⑪	米袋や新聞紙，発泡スチロールやカラーメッシュでつくるのを楽しもうとしている。	

授業づくりのアドバイス

　この題材には，低学年の児童が身近にある材料を使い，全身を使って造形を楽しむことができるよさがあります。短時間題材が増える中，息の長い実践になります。もともとは児童が好きな「ぬいぐるみ」のつくり方をヒントに思いついた題材で，布を米袋に，綿を新聞紙に，縫い合わせをホチキスと木工用接着剤に変えれば工作として，ぬいぐるみのような立体作品がつくれると考えました。実践を終えて感じたことは，「曲線の接合」にホチキス，木工用接着剤，洗濯ばさみ，中表という方法を使うことは低学年にも可能であり，児童が夢中で楽しむことができるという手応えでした。うろこに用いたカラーメッシュや目玉の球形発泡スチロールは，素材そのものにおもしろさがあり，今後，色々工夫できそうです。作品が大きいために，色を塗る活動では，床一面にブルーシートを敷いたり児童椅子を逆さに置いて台にしたり，雑巾で拭き掃除をしたりと準備や片づけが大がかりになりますが，苦労以上にやりがい十分の題材です。

　ぜひ，実践してみてください。

絵画
立体
工作
造形遊び
鑑賞

4 指導過程

① ぷくぷく太った魚が海を泳いでいる様子をイメージしよう　　　　　　（思考）
・色々な色の魚がいるね
・ひれを動かしてすいすい泳ぐね

② 米袋をやわらかくしよう
　　　　　　　　　　（学びに向かう力）
・硬いなあ
・折り曲げて踏もう
・力いっぱい折ろう

③ 魚の形や大きさを考えて米袋にかこう
　　　　　　　　　　　（思考・技能）
・大きな魚にしたいな
・真っ黒で強そうな魚がいいな
・かわいい女の子の魚がいい

④ 魚の線の少し外側を切ろう　　（技能）
・紙を重ねて切るんだね
・切ると魚になってきた

⑤ 線の上をホチキスで留めよう　（技能）
・一緒に力を入れるんだね
・カチンと音がするまで押すよ
・紙がくっついてうれしいな

⑥ 木工接着剤を塗り込んで洗濯ばさみで留めよう　　　　　　　　　　（技能）
・これでくっつくのかな
・洗濯ばさみで挟むの，楽しいな

⊃指導ポイント①
・図鑑を見せて，色々な大きさや形，色の魚がいることを知らせる
・尾びれ，背びれ，胸びれ，尻びれを動かして泳ぐ様子を見せて，魚の形の特徴を捉えさせる

⊃指導ポイント②
・全身で力を込めて折ったり踏んだりして，米袋の厚さや質感を楽しませる

米袋の質感を楽しみやわらかくする

⊃指導ポイント③
・黒板に米袋の図をかき，そこに横から見た魚の頭の形をかき，胴体の太さのまま線を伸ばすことを示す
・思うような形にかけなくてもクレヨンの色を変えて何度でもかけるよさがある

⊃指導ポイント④
・ホチキスで留めることをやって見せ，3cm程度の感覚をつかませる

⊃指導ポイント⑤
・カチンと音がするまで両手で真っ直ぐに押さえる感覚がわかるように別の紙で十分に練習をさせる

⊃指導ポイント⑥
・のりしろ部分の間を開けて，割りばしでホチキスの隙間に届くように伸ばすとよい

⑦　袋を裏返して，新聞紙を詰めよう

（学びに向かう力）

・「ぷくぷくさかな」になってきた

・尾びれの大きさを考えよう

⑧　魚の胴体を麻紐で結んで，尾びれをつくろう　　　　　　　　　　　　（技能）

・固い紐だね

・緩くならないように2回結ぶよ

・大きな魚だ，抱っこしよう

⑨　ひれをつくって，付けよう

（思考・表現・技能）

・どんな大きさにしようかな

・魚らしくなってきたよ

⑩　色を塗ろう　　　（思考・表現・技能）

・ひれの色を変えたいな

・点々模様にするよ

⑪　うろこや目，口をつけよう

（思考・表現・技能）

・何色のうろこが合うかな

・カラーメッシュは透けていいね

・重ねて切るといっぱいできた

⑫　発表会をしよう　　　　　　　（鑑賞）

・「海の王様」っていう題名がいいね

・ぷくぷくしててかわいいな

・きれいな色の魚だね

⑬　多くの人に見てもらおう　　　（鑑賞）

・かわいい魚がつくれたねってほめてもらってうれしいな

・近所のおばさんにも見てもらえたよ

海の中を泳いでいるように吊るして展示する

⊃指導ポイント⑦

・平面だった魚がだんだん立体的になっていく変化を楽しませる

・背びれにする分を残すことを伝える

⊃指導ポイント⑧

・二重結びの結び方をゆっくりやってみせる

・抱きかかえたり見せ合ったりする時間を設ける

⊃指導ポイント⑨

・広げた米袋にふくらんだ魚をのせて，背びれの大きさや形をかかせるとよい

・付けるために「のりしろ」がいることを指導する

⊃指導ポイント⑩

・児童椅子を逆さにして，その椅子の足に新聞紙を敷き，魚をのせる台をつくる

⊃指導ポイント⑪

・カラーメッシュの透ける質感を楽しませる

・魚の色とうろこの色の組み合わせで魚の感じが変わることを感じさせる

・重ねて切ることで一度に同じ形が何枚もできることをやって見せる

・水で薄めた接着剤で貼る

⊃指導ポイント⑫

・でき上がった魚への思いや友人の魚からどんなイメージを感じるかを鑑賞カードにかかせる

・かいたことを紹介し合う

・海で泳いでいる様子になるよう，吊るして展示する

⊃指導ポイント⑬

・校内や地域の文化祭等に展示して，多くの人に見てもらう

（山田　知子）

絵画

立体

工作

造形遊び

鑑賞

⑲切って　えらんで　くっつけて！　ひかる　こん虫ワールド

題材の紹介

　遮光カーテンのついた１つの教室をジャングルに見立て，木の葉や昆虫を貼りつけ，「こん虫ワールド」をつくる。完成後は，教室の電気を消し，ペン型のブラックライトで教室内を探検する。「暗闇で光る昆虫たち」に興味をもって製作に取り組むことができる題材。　　　　　　　　　　8時間完了

1　目　標

・頭部，胸部，腹部，爪や羽根，触角などのパーツを考えると昆虫らしさが出せることに気付き，材料の形や質感の特徴を生かしながら組み合わせることができる。　　　（知識及び技能）

・光る昆虫がもつ特技（逃げ方やえさの取り方等）と体の特徴をつなげて考えることができる。　　　　　　　　　　　　　　　　　　　　　　　（思考力，判断力，表現力等）

・「こん虫ワールド」をつくろうと，意欲的に昆虫を増やしたり改良したりしている。

　　　　　　　　　　　　　　　　　　　　　　　　　　（学びに向かう力，人間性等）

2　準備物等

教師：白の粘着テープ（3人グループで1つ程度），クリップ（昆虫に取りつけるもの），安全ピン（遮光カーテンに取りつけるもの），ペン型のブラックライト（5人グループで1つ程度），画用紙や段ボールを材料とした木や葉，岩など（児童につくらせても教師が準備してもよい）

児童：白い材料（例：紙コップ，紙皿，ストロー，綿，毛糸，トレイ，プラスチックスプーン，綿棒，キッチンペーパー，スポンジ等），はさみ

③ **評価シート　切って　えらんで　くっつけて！　ひかる　こん虫ワールド**

評価項目	評価場面	評価規準	評価
知識・技能	④	頭部，胸部，腹部，爪や羽根，触角など，体の部位を意識し，材料の形や質感の特徴を生かしてつくることができる。	
思考・判断・表現	③⑤	光る昆虫がもつ特技（逃げ方やえさの取り方等）と体の特徴をつなげて，作品のよさを語ったり記述したりすることができる。	
主体的に学習に取り組む態度	②④	意欲的に昆虫を増やしたり改良したりしている。	

授業づくりのアドバイス

　低学年の児童は「暗闇で光るもの」に対し，強い好奇心をもちます。また，「秘密基地」のように自分たちだけの特別な空間をもち，その中で楽しもうとする傾向にあります。「こん虫ワールド」は，「暗闇で光る」，「自分たちだけの空間で製作する」という要素を含み，児童が意欲を持続させながら取り組める題材だといえます。また，１匹のテントウムシを登場させ「寂しいみたいだよ」と児童に投げかけることで，「仲間を増やしてあげたい！」と主体的に動き始める姿を引き出すことができます。児童たちは持ち寄った白い材料を切ったり組み合わせたりしながら，勢いよく製作を進めていきます。そのとき，遮光カーテンに無数に安全ピンを取りつけておくとともに，児童には昆虫の裏側にはクリップを付けさせておくことで，好きな場所に自由に昆虫を止まらせることができます。さらに，木の葉や岩を設置すれば，教室はどんどん「こん虫ワールド」に姿を変えていくことでしょう。低学年の児童は，製作しながら物語をつくることが大好きです。「この虫はね，この大きくてぎざぎざのつのでえさを捕まえるんだよ」と語り出します。そのような会話を大切にし，昆虫の頭部，胸部，腹部，爪や羽根，触角などのパーツを意識させたり，体の特徴を工夫させたりしていけるとよいでしょう。

　材料によって光り方が大きく違います。「どんな材料を組み合わせるときれいに光るか」ということを追求させてもおもしろいかもしれません。ペン型のブラックライトは，蛍光灯タイプのものに対し比較的手軽な価格で購入できます。ぜひ試してみてください。

4 指導過程

① 暗闇の中，1匹の光るテントウムシに出合ったよ　　　　　　　（イメージづくり）

・暗闇で光るなんてきれいだな
・仲間を増やしてあげたいな
・ぼくは，バッタをつくってあげたいな
・木や葉っぱをつくって，すみかをつくるのもいいね
・みんなで「光る，こん虫ワールド」にしようよ

② 夜の森に住む，すごい昆虫をつくるよ　　　　　　　　　　　　（表現）

・バッタみたいにジャンプできるよ
・羽をつくって飛べるようにしたよ
・体がつるつるして敵から逃げるよ
・はさみでえさを捕まえるよ
・触覚でえさの居場所をキャッチするよ
・葉っぱをたくさんつくって，昆虫が住む森をつくるよ
・好きな場所に昆虫を止まらせるよ

③ みんなの昆虫を見て思ったよ　　（鑑賞）

・たくさんの昆虫が光って，とてもきれいに見えるよ
・もっと羽を大きくして，敵から速く逃げられるようにしたいな
・はさみはぎざぎざにして，えさを逃がさないようにしたいな
・爪をつくって強そうに見せたいな
・つのをつくってかっこよく見せたいな
・羽に模様を付けて，きれいにしたいな

➡指導ポイント①

・遮光カーテンを閉め，あらかじめ教師がつくったテントウムシをブラックライトを当てて光らせ，児童たちに注目させる
・光る昆虫を見て驚く児童たちに，「1匹で寂しいみたいだよ」と投げかけ，「仲間をつくってあげよう」という気持ちを引き出す

➡指導ポイント②

・「敵から逃げる」「えさを捕まえる」等の特技を考えさせることで，必然的に昆虫の体のパーツに目を向けて製作に向かうことができるようにする
・画用紙でつくった葉っぱを，壁に貼りつけるなどして，森の雰囲気を出す
・遮光カーテンに安全ピンを無数に取りつけ，クリップを付けた昆虫が好きな場所に止まれるようにする

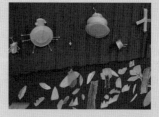

好きな場所に昆虫を止まらせる

➡指導ポイント③

・「友人のつくった光る昆虫も見てみたい」という児童が出てきたら，実際に見たり紹介し合ったりする場を設ける
・紹介し合う場において，児童の考えを「体のパーツ」ごとに整理して板書し，着目させることで，「体のパーツを考えていくとよさそうだ」という意識をもたせる

④　昆虫たちをもっとパワーアップさせるよ
（表現）

・頭や体だけじゃなく，触覚やつの，羽をつくって，もっとかっこいい昆虫にするよ
・もっと速く飛べるように，羽を重ねてつくってみるよ
・つのを大きくし，足に爪を付けて強そうにしたよ
・触覚を長くして，仲間や敵の場所をキャッチできるようにするよ

⑤　夜の森へ探検だ
（鑑賞）

・ブラックライトを当てると，羽の模様が光ってきれいに見えるよ
・ぎざぎざのつのや尖った角が強そうに見えるね
・1匹のテントウムシも仲間が増えてよかったね
・2年生だけの「光る，こん虫ワールド」ができ上がったね
・他の子にも見せてあげたいな

⑥1年生のみんなを「こん虫ワールド」に招待しよう
（鑑賞）

・「すごかった」って言ってもらってうれしかったよ
・がんばって考えたかっこいい昆虫をほめてもらってうれしいな

➡指導ポイント④

・教室の中に，暗いスペースをつくり，実際に光った様子を確認できるようにする
・表現が苦手な児童に対しては，どのパーツを工夫したいかを聞き，必要に応じて手を貸しながらサポートする
・昆虫の数が増えてくるため，カーテンにとまるだけでなく，岩や切り株に見立てた椅子や机等を必要に応じて設置し，上に置いたり隠れさせたりできるようにする

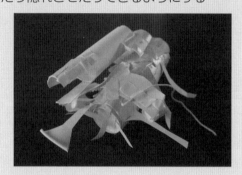

昆虫をパワーアップさせる

➡指導ポイント⑤

・5人1組のグループをつくり，リーダーにペン型のブラックライトを持たせ，電気を消した教室内を探検させる
・全員がブラックライトを持てるように，時間で区切ってリーダーを交替させる

➡指導ポイント⑥

・1年生を「こん虫ワールド」に招待する場を設ける
・博物館展示のように，昆虫の名前や特徴を記した「昆虫説明カード」を作成する
・「こん虫ワールド」を訪れて好感をもった1年生の児童に2年生がインタビューするようにさせ，つくったことの満足感や達成感をもたせる
（原田　健一）

⑳ いろいろ　ならべて　つんで　カラフルキャップ

題材の紹介

　本題材は，ペットボトルキャップを並べたり，積み上げたりしながら構成を工夫していく造形活動である。ペットボトルキャップは，低学年の児童でも容易に並べたり積んだりする活動ができる材料である。また，たくさんの色があり，その中から，好きな色のキャップを選んで活動するなど，色からも発想が刺激されるだろう。それに加えてバランスを取って高く積んだり，表と裏の違いを生かして並べたりするなど，おもしろい活動も期待できる。試行錯誤しながら，より美しく，おもしろくしようと工夫し活動が広げられる題材。　　4時間完了

1　目　標

・材料の特性を捉え，創造的にペットボトルキャップを並べたり積んだりすることができる。

　　　　　　　　　　　　　　　　　　　　　　　　　　　　　　　　　　（知識及び技能）

・ペットボトルキャップの並べ方や積み方，色をどのように並べたり積んだりするかを考えることができる。　　　　　　　　　　　　　　　　　　（思考力，判断力，表現力等）

・友人と互いの活動を見合うことで，表現のよさに気付くことができる。

　　　　　　　　　　　　　　　　　　　　　　　　　　　　　（学びに向かう力，人間性等）

2　準備物等

教師：ペットボトルキャップ（全児童ができるだけ使える量と色を用意する。本実践では，全部で14色使用）

　　段ボール箱

　　　色画用紙を貼った段ボール箱の中に，色ごとに分けてペットボトルキャップを入れることで，使いたい色のキャップを取りやすくする。

　　ビデオカメラ，実物投影機（書画カメラ）

　　　活動途中の作品を取り上げ，ビデオカメラでテレビ画面に投影して見せることで，場所を移動しないでも様々な工夫に触れることができるようにする。

　　ビニール袋，バケツ

　　　使用するペットボトルキャップを自分の活動場所まで持っていく入れ物を用意する。

教室環境

❸ 評価シート　いろいろ　ならべて　つんで　カラフルキャップ

評価項目	評価場面	評価規準	評価
知識・技能	①	ペットボトルキャップという材料の特徴を捉えることができる。	
	②	キャップでできる活動を考えられる。	
	③⑤	キャップをたくさん並べたり積んだりすることができる。	
思考・判断・表現	③④⑤	並べ方や積み方，色を工夫して活動できる。	
主体的に学習に取り組む態度	⑤⑥	友人の並べ方のよさに気付こうとしている。	

■ 授業づくりのアドバイス

　この題材は，ペットボトルキャップという身近な材料を積み木やレゴブロックのように自由に並べたり積んだりするという，どの児童も簡単にできる題材です。またペットボトルキャップは，たくさんの色があり，そのカラフルな色のキャップを見ただけでもわくわくする気持ちをかき立て，自然と「遊びたい！」という思いをもつことができます。1年生の児童でも，簡単に楽しみながら行える題材です。

　本実践を行うにあたり，必要不可欠となってくる点が，全員が十分に活動できる材料と場所の確保だと思います。たくさんの色のキャップの準備では，キャップ回収を行っている業者に協力いただき，学校児童会が回収していたキャップと色のキャップを交換してもらい，たくさんの色のものを用意することができました。場所については，それぞれが周りの活動を見ながらも，自分の活動を広げていくのに丁度よい広さの教室を，実践の期間中貸し切って使用しました。また，色テープで各グループの活動スペース，キャップを取りに行く通路，キャップ置き場の場割をし，並べたキャップが崩れてしまわないように配慮しました。

　児童は，材料を手にしたらもくもくと活動します。周りの児童の表現を見合い，自分の表現へと生かし，作品がどんどん変わっていく様子がたくさん見られました。キャップをひたすら並べたり積んだりするという単純な活動ですが，児童なりに考え，試行錯誤しながら自由に発想を広げていくことができます。実践の最後には，児童の中から，「もっとやりたい！」という声がたくさん上がったとても楽しい実践です。ぜひ，やってみてください。

① ペットボトルキャップと慣れ親しもう

（材料と慣れ親しむ）

・丸い形でふちはぎざぎざしているね

・模様が一つひとつ違うよ

・いろんな色があるんだ

・たくさん並べるとおもしろいね

・積み木みたいに高く積み上げられるんだね

キャップを触る児童

② ペットボトルキャップでどんな活動ができるか考えよう　　　　（見通しをもつ）

・１列に並べることができるよ

・重ねて積み上げることができるよ

・同じ模様を集められるよ

・つなげて絵をかくことができるよ

③ ペットボトルキャップの並べ方や積み方を考えよう　　　　　　（構想）

〈並べる〉

・ぎざぎざに並べた「ぎざぎざ技」です。真っ直ぐじゃないところがおもしろいよ

・ハートの形になるようにキャップを並べた「ハート技」です。かわいい形になります

〈積む〉

・高くお城みたいに積み上げた「お城技」です。中に入れてかっこいいです

・ピラミッドみたいに重ねる「ピラミッド技」です。高くなるところがかっこいいよ

・上に棒みたいに重ねた「棒技」だよ。いろんな高さをつくるとおもしろいよ

⭢指導ポイント①

・ペットボトルキャップを手に取り，各自でじっくり見ることで，材料の特徴をつかむ

・ペットボトルキャップを使って，長く並べるゲーム，高く積み上げるゲーム，模様探しゲームを行うことで，「並べる」「積む」「模様」といった視点に触れ，材料と慣れ親しみながら今後の活動につなげていく

長く並べようゲームの様子

⭢指導ポイント②

・どのような活動ができるか問いかけることで，児童から並べたり積んだりする活動へ目を向けられるようにする

⭢指導ポイント③

・３人グループで活動することで，互いの表し方の工夫を見合えるようにする

・並べ方や積み方の一つひとつを「技」と称し，できるだけたくさんの技を考えるよう呼びかけることで，並べ方や積み方の発想を広げられるようにする

・考えた「技」には，名前をつけて付箋にかき，つくったものの近くに貼るようにする

・「並べる」「積む」に焦点化して活動するために，白色のキャップのみ扱う

高く積んでいく様子

④　グループのとっておきの技を紹介しよう
　　　　　　　　　　　　　　　　（構想）

・たくさんの並べ方や積み方があっておもしろいな
・ピラミッドみたいに積んでいるね
・裏表交互に並べてあるよ
・真っ直ぐ長く並べてあるね
・３段で長く並べると，壁みたいでかっこいいね
・あのグループの積み方をまねしてみよう

⑤　工夫してペットボトルキャップを並べよう
　　　　　　　　　　　　　　　　（表現）
〈色〉
・色を交互にするとおもしろいよ
・同じ色同士を集めて並べてみようかな
〈並べる〉
・ぐるぐるうず巻くように並べてみよう
・ヘビみたいにぐにゃぐにゃに並べよう
〈積む〉
・ピラミッドみたいに積み上げていこう
・タワーみたいにもっと高くしようかな

⑥　ペットボトルキャップ鑑賞会をしよう
　　　　　　　　　　　　　　　　（鑑賞）

・お花畑みたいになるように，色々な色のキャップを使ったよ
・下から見たときに，かっこよくなるように，高く積み上げたよ

並べたキャップを下から見る児童

⮕指導ポイント④
・各グループの前時の活動で出た積み方や並べ方の技の中から，とっておきの技を発表し合うことで，今後の自由に並べたり積んだりする活動につなげる
・技の写真や前時の活動ででき上がったものの写真を撮っておき，それを提示しながら発表することで，表し方を他のグループへ具体的に伝えられるようにする

⮕指導ポイント⑤
・前時の白色に加えて，様々な色のキャップを用意することで，新たに「色」という視点で工夫しながら活動できるようにする
・活動の最中に，並べているものをビデオカメラを使って部分を拡大してテレビに映して見せたり，横や下から映して見せたりすることで，活動の視点を広げる
・おもしろい工夫を取り上げて周りへと伝えることで，並べ方や積み方のおもしろさ，色の美しさの工夫を全体へと広める

キャップを並べている様子

⮕指導ポイント⑥
・各グループが工夫したことを発表し合うことで，様々な表現の仕方のよさを捉えられるようにする
・鑑賞後，他のグループのよいと思ったことや，感想をワークシートにかくことで，学習全体の振り返りをする　　　　（家村 あゆみ）

㉑ ころころぺったん　〜あれもこれもうつしてあそぼう〜

題材の紹介

　本題材は，水彩絵の具をローラーや様々な型に付け，思い思いに転がしたり型押したりしてできた，形や色のおもしろさを楽しむ活動である。絵の具の扱いが苦手な児童にとっても自由に形や色，その組み合わせを楽しむことができるので，容易に表現を楽しむことができる。また，偶然できた色や形，その組み合わせのおもしろさから，イメージをふくらませて製作を進めていくことができ，自分なりに表現することの楽しさを味わうことができる。様々な型を使えるようにすることで，さらに興味関心を喚起でき，表現の幅を広げられる題材。

5時間完了

1　目　標

・ローラーや型の使い方を工夫しながら，思いついたことを表すことができる。

(知識及び表現)

・偶然できた形や色から想像を広げ，表したいものを思いつくことができる。

(思考力，判断力，表現力等)

・友人や自分の作品の，偶然できた形や色のおもしろさに気付くことができる。

(学びに向う力，人間性等)

2　準備物等

教師：児童の前回までの作品，書画カメラ（必要に応じて提示していつでも見られるようにしておき，発想を広げるきっかけにする），ローラー，ブルーシート，トレイ，共用水彩絵の具，下敷き（クッション），画用紙，スタンプ用の型，水おけ，ワークシート

児童：スタンプ用の型（プリンカップ，スポンジ，洗濯ばさみなどの身近なもの），雑巾類，汚れてもいい服装

様々な形のローラーを用意する

スタンプ用の型は，一度使ったものは，洗って「おすすめコーナー」に置き，児童は自由に持っていけるようにする

3 評価シート　ころころぺったん

評価項目	評価場面	評価規準	評価
知識・表現	①	ローラーの使い方を工夫しながら，思いついたことを表すことができる。	
	②	身近な材料のスタンプ型の使い方を工夫しながら，思いついたことを表すことができる。	
思考・判断・表現	②	偶然できた形や色から想像を広げ，表したいものを思いつくことができる。	
	③	自分にはない友人の作品のよさを取り入れて，自分の作品を再構築できる。	
主体的に学習に取り組む態度	③	友人や自分の作品の，偶然できた形や色のおもしろさに気付こうとしている。	

授業づくりのアドバイス

造形遊びは材料や，形・色などに感覚を働かせて表したいことを思いつき，その思いつくままに表現を進める活動です。失敗してもそこから発想したりやり直したりが簡単にできます。失敗を恐れずのびのびと児童が取り組む姿は見ているこちらまでわくわくします。

　指導で強調したいことは，以下の3点です。

・「おすすめコーナー」を設置し，自分で集めた材料以外にも様々な材料を手に取らせて，自由に好きな形を選ぶ楽しさを感じさせること

・失敗してもやり直せる「おためし」を2枚まで設定し，失敗を気にせずに思いのままにのびのびと表現を楽しませること

・製作の途中で友人の作品を見て味わわせ，鑑賞から表現へと活動をつなげさせること

　造形遊びの目的は本来，目的をもって形や色の配置を考えてかくことではなく，「感覚や気持ちを生かしながら，どのように活動するかについて考えること」です。この実践では，汚れること，失敗することを気にせず，児童はどんどん表現を楽しみます。最後には自分の体を使ってのびのびと表現する児童の姿が見られ，指導するこちらもわくわくします。ぜひ実践してみてください。

手形を付けるなどしてのびのびと表現活動を楽しむ児童

4 指導過程

① ローラーをコロコロして遊ぼう
（表現・鑑賞）

１枚目をかこう。
・ローラーがすいすい動いて気持ちいいな
２枚目をかこう。
・さっき絵の具が足りなかったから，たっぷり付けよう
・でき上がった線が波みたいになったよ
２枚目の作品の鑑賞会をしよう。
・虹みたいになった
・海の波みたいに見えるよ

② スタンプをぺったんして遊ぼう
（表現・鑑賞）

グループで持ち寄った材料を活用して，素材や形を生かしてスタンプを押す。
作品の鑑賞会をしよう。
・鳥の足跡みたいだよ
・しゃぼん玉みたいだね

③ ローラーとスタンプで楽しく遊ぼう
（表現）

前回の作品を振り返って，自由にローラー遊びをする。
ローラー遊びの作品の上に，自由にスタンプを押していく。
・海の中を泳いでいる魚みたい

作品をテレビに映して鑑賞

➲指導ポイント①
・絵の具とローラーの使い方を確認させる
・ローラーに付いた絵の具の色が混ざったら，水洗いさせる
・ローラーを正しく使うコツを自分で習得できるようにする
・はじめの１枚は色や線を試すつもりで失敗を気にせず自由にかかせる
・２枚目は，１枚目を生かして色を選択したりローラーの動かし方を工夫したりして製作させる
・ローラー転がしでできた様々な線や模様が何に見えるのか想像をふくらませる

➲指導ポイント②
・スタンプをするときの絵の具の付け方やきれいに写すための下敷きに気付かせる
・ローラー遊びのときと同様，鑑賞を行なう

➲指導ポイント③④
・前時までの作品をすぐに見返せるように掲示しておく
・紙が足りない場合は，画用紙をもう１枚まで付け足していいことにする
・ローラーやスタンプで偶然できた形を生かして想像をふくらませながらつくらせる
・手が止まっている児童には，作例を確認させ，お試しのものからつくり始めるように助言する
・何人かの児童の作品をテレビで提示し，作品のよさを全体で共有させる

④　ローラーとスタンプで楽しく遊ぼう

（鑑賞・表現）

座席を回り，友人の作品を見る。

・友人の作品のよさを取り入れながら自分の
作品をつくる。

・洗濯ばさみは鳥の足跡みたいでおもしろい
な，まねしてみよう

⑤　みんなの作品を見合いっこしよう

（鑑賞）

自分の作品を持って，ベンチトーク
（※）で作品を紹介し合う。

ベンチトークでわかったことや感じたこと
をみんなに発表する。

・○○くんの作品は空を飛ぶ鳥みたいでおも
しろいよ

最後に様々な作品のよさをワークシートに
かき，自分の作品や製作過程を振り返る。

（※ベンチトーク…２人１組になって意見
を伝え合い，感想を交流する活動。席替え
をしてペアを変えて何度か繰り返す）

鑑賞で次々に発言する児童

➡指導ポイント⑤

・友人と自分の作品を見て，何に見えるかを
考えたり，簡単なお話をつくったりして話
す

・お互いの作品のよさに気付き，認め合う

・様々な作品のよさや，自分の作品の振り返
りをワークシートにかく

・ワークシートにかいた感想を伝え合い共有
する

・以下のコツを常に見える位置に掲示する

スタンプあそびのコツ
・下にぬのをしくと，しっか
りとスタンプのあとがつく
・えのぐがすくないと，しっ
かりつかない
・上からしっかりおさえて，
うごかないようにする

ローラーあそびのコツ
・えのぐのりょうはスポンジ
にしみこむくらい
・ちがういろにしたいときは，
みずおけであらう
・かたとてくびをうごかすと
おおきくくねくねできる

（溝口　小由利）

㉒ 見つけよう！色いろ ～色水遊び～

題材の紹介

　色水のつくり方や並べ方を試したり，見つけたりする活動を通して，児童が楽しみながら色について学ぶことができる題材。

〈簡単なプロセス〉

①色水のつくり方を聞いて，つくってみる（つくり方を学ぶ）。

②友人のものと比べてみる（色の濃さ・混色を考える）。

③　お気に入りの色水を並べてみる（自分のお気に入りの色水になるように考えて，グループで並べ方を考える）。

④つくった色水をどうするか考える（飾り方をグループで考える）。

⑤みんなの作品を見る（鑑賞）。

5時間完了

1　目　標

・色水づくりの混色の仕方やつくり方を理解し，絵の具の色や量を調節して色水づくりをすることができる。　　　　　　　　　　　　　　　　　　　　　　　　　　　　　（知識及び技能）

・自分の好みの色水を使って，やってみたいことを思いつくことができる。

（思考力，判断力，表現力等）

・児童の色に対する思いを生かしながら，自分の好みの色を集めたり，グループで並べ方を工夫したりすることができる。　　　　　　　　　　　　　　　　（学びに向かう力，人間性等）

2　準備物等

教師：ネームプレート，お気に入りがわかるように☺シール（ペットボトルキャップに貼る），記録用カメラ，感想ノート，プリント

児童：児童が身近に使っている水彩絵の具（黒色以外），500mlのペットボトル（1人3本）

3 評価シート　見つけよう！色いろ

評価項目	評価場面	評価規準	評価
知識・技能	②	色水の混色について知ることができる。	
	③	お気に入りの色水を，組み合わせや水の量を変えながらつくることができる。	
思考・判断・表現	④	お気に入りの色水をどうすればさらにきれいになるか考えることができる。	
	⑤	お気に入りの色水をどのように生かすか考えることができる。	
主体的に学習に取り組む態度	⑥	友人の色水や飾り方などのよさに気付こうとしている。	

授業づくりのアドバイス

　この題材は，造形遊びの色について学ぶ製作活動になります。児童は色の混色を，偶然できていた色から自分で考えてお気に入りの色をつくり出せることに喜びを感じて製作を行っていました。試行錯誤を繰り返しながら，自分のお気に入りの色をつくり出すことは，とても意義のある製作活動だと感じました。何より児童が，もっとやりたいと意欲的に活動をしていたのが印象的でした。製作活動中は，できばえの優劣ではなく，思考力やグループでの協調性などを見ることができました。低学年では，作品の仕上がりよりも造形遊びを通して色について考え，図画工作を楽しみながら学習するのにおすすめの題材です。

　準備はペットボトルを確保すれば簡単で汚れず，製作も短時間で済みます。何回も繰り返すことで，より児童が納得のいく作品づくりを心がけることができました。水彩絵の具は，どの学年でも使用するものなので，児童の身近にある色の材料として捉えて実践できました。

　造形遊びをすることは，「つくり，つくりかえ，つくる」という考える学びであり，これからの図画工作科の作品づくりの根幹となる製作活動の考え方を培うことができました。簡単で，楽しい題材ですので，ぜひ実践をしてみてください。

4　指導過程

①　色水のつくり方を聞いてつくってみよう
（導入）

ペットボトルに水を8分目まで入れる。
3色までは，混ぜてよい。
黒色は使わない。
キャップに絵の具を入れる。
キャップをしっかりと閉めて，ペットボトルを振る。

②　友人のものと比べてみよう　（構想）

- ○と□を混ぜると△色になったよ
- ぼくの色水は，○○ジュースになった
- ○○さんの色を自分もつくりたいな
- どうやってつくるのか知りたいな
- 同じ絵の具を使った色水でも，少し違う色になったよ
- 絵の具の量が違う
- 水の量が違うから，水を増やせばいいと思うよ
- ペットボトルの振り方が弱いのかな。もっとよく振ると絵の具と混ざると思う

③　もっと自分のお気に入りの色水をつくってみよう
（表現）

- ○色が好きだから，絵の具と水の量を変えてつくってみよう
- ○○さんと同じ色をつくりたいから，聞いてみてつくろう
- ○○ジュースを，つくってみたいな
（例：オレンジジュース）

④　お気に入りの色水を並べてみよう（鑑賞）

- ぼくのお気に入りは，この色に決めた。だって，ぼくの好きな色ができたから

⟳指導ポイント①

- 水をあらかじめ入れておく
- ペットボトルキャップに入れることで，絵の具の量を児童に視覚的に分かりやすくできる。2色以上混ぜるときには，キャップの中で分けて入れると量が調節しやすい
- ペットボトルの水を8分目にすることで，絵の具と混ざりやすく，すぐに色の変化が分かりやすい

⟳指導ポイント②

- 児童がつくった色水を持って，前で発表させる。その際，板書では，足し算のように○＋□＝△とかいたり，色の名前が分からない場合には，例えて○○ジュースと命名したりする

発問「同じ色でも，少し違うね。なぜだろう？」〔話し合いの場・関わり合いをもつ〕

※色水づくりで児童に理解してほしいことは，色の混色の仕方と水の量がポイントとなることを押さえておきたい

⟳指導ポイント③

- 水の量を調節する活動が製作に入るため，図工室など水道が近くにある場所が望ましい（校庭や中庭などは，水が扱いやすいので屋外でも可）

⟳指導ポイント④

- 3つつくった色水の中から，児童が満足いくお気に入りの1つを選び，お気に入りシールをペットボトルキャップに貼る
- 並べ方をグループで相談しながら進めて並べていくようにする

・○○さんの横に置くと，私の色水と似ているから離して並べたいな

・色が濃くなっていく順に並べたいな

・どこから見てもいいように，丸い形に並べてみようかな

・積んで並べてみたらおもしろそう

・光の当たるところに並べると，透けてきれいだから，窓際に置いてみたいな

⑤　つくった色水をどうしようか考えよう
(構想)

・光の当たるところに飾っておきたいな

・写真にとって飾りたいな

・色々なジュースがたくさんできたから，お店屋さんごっこをしたいな

・好みの色を使った絵をかいてみたいな

・お母さんに見せたいから持ち帰りたいな

⑥　みんなの作品を見てみよう　　　(鑑賞)

・○○さんの色はきれいです。今度自分もつくってみたいな

・○○グループの飾り方がきれいに並べていると思いました

・太陽の光が透ける色と色が濃くて透き通らない色があることが分かりました

・○○ジュースをたくさんつくってみたいと思いました

・おいしそうな色のジュースがありました

発問「どうしてそう並べたのか，理由を教えてね」

※並び終えたら，写真を撮っておくと，振り返りがしやすい。映像をテレビに映すとグループで並べたものを全員に理解しやすくなる

⊃指導ポイント⑤

・展示場所や使用方法，生活科とクロスカリキュラムを作成し，お店屋さんごっこをすることも可能。児童と考えながら，今後の活動に生かすことができる

⊃指導ポイント⑥

・実物を展示したものを見たり，写真に撮ったりしたもの（カラー印刷し，小さくしたもの）を感想ノートに貼り，振り返りをかかせる

(杉浦　克俊)

㉓ 土って気もちいい　〜砂場が大変身！〜

題材の紹介

　はじめは一人ひとりでつくっていても，だんだん友人と力を合わせてダイナミックな活動になっていく砂遊び。砂場だけでなく，校庭のあちこちから色や粒の大きさが違う砂や土，草や木の枝などを集めてきて，つくりたいものをつくる題材。

６時間完了

1　目　標

・砂や土の扱いに慣れ，草や木の枝，水なども工夫して使いながら，つくりたいものをつくることができる。

（知識及び技能）

・砂や土の手触りや色の違いに気付き，生かし方を思いつくことができる。

（思考力，判断力，表現力等）

・砂や土でつくることのおもしろさを感じ，体全体を使って楽しく活動することができる。

（学びに向かう力，人間性等）

2　準備物等

教師：園芸用スコップ（一度にたくさんの土をすくえる軽い樹脂製のもの，固い土も掘り進められる金属製のもの，両方児童の人数分あるとよい），バケツ（3〜4人に1つ以上あるとよい），園芸用ふるい，振り返りワークシート（活動してわかったこと，次にやりたいこと等をかかせる）

児童：色々な大きさや形の容器（水を汲んで持ち運びができるもの），こて・へら・しゃもじ・おたま・お椀・升等，汚れてもよい服装，履物，雑巾，ビニール袋

振り返りワークシート

③ 評価シート　土って気もちいい

評価項目	評価場面	評価規準	評価
知識・技能	②	素材の特性を生かしながら，つくりたいものをつくることができる。	
思考・判断・表現	④	素材の色や手触りなどを感じながら，発想を広げることができる。	
主体的に学習に取り組む態度	⑤	友人とともに楽しみながら表現したり鑑賞したりする活動に取り組もうとしている。	

授業づくりのアドバイス

　この題材は，低学年の児童が体全体を使って砂や土と向き合い，時間を忘れるほど夢中になることができます。初夏に実践することで水に触れることが気持ちよく，児童同士のコミュニケーションが増え，学級のまとまりが出てきます。体力テストの後なら，幅跳びのために砂場が耕されているのでチャンスです。赤土や泥などは，学級園の片隅など，掘っても大丈夫な場所を校庭に出て探してみてください。

　評価のために，以下のような手立てがあると児童の活動の様子や表現に込められた思い，思考の変容などがよく見えてきます。

・生活科の時間などを利用して，遊びの方法やルールなどについて話し合わせる

・つくったものを絵にかいて，説明させる

・できるようになったことは何であったかを振り返らせ，さらにどうしたいか考えさせる

　自分がやりたいことを，やりたいように活動していた児童や，何をどうしたらよいか考えが浮かんでこなかった児童が，「一緒につくろう」と声をかけ合い，力を合わせる姿から成長を感じることができます。生活科や学級活動の時間も取り入れるなど，たっぷり活動時間を確保して実践してみてください。

〔参考文献〕

『人生に必要な知恵はすべて幼稚園の砂場で学んだ』（ロバート・フルガム著，河出文庫）

『〈砂場〉と子ども』（笠間浩幸著，東洋館出版社）

絵画

立体

工作

造形遊び

鑑賞

① 掘ったり，山にしたり，砂で遊んでみよう　　　（体全体を使って砂に触れる）

・乾いているとさらさらしているよ

・上のほうは熱いけど，掘ったところは冷たいよ

・穴に足を入れて埋まるよ

・下の方は湿っているよ

・水を流したいな

・友人と一緒につくりたいな

・スコップとかバケツとか道具を使いたいな

② 道具を使って遊ぼう　　　（砂や道具の扱いに慣れる）

・友達の掘った穴をつなげたら道になったよ

・水を流したら川や海ができた

・大きな水たまりに泥がたまって温泉みたいだよ

・小さいバケツに砂を入れてひっくり返したらケーキみたい

・葉っぱをちぎってのせたらケーキができたよ

・ケーキのクリームにするから白い砂がほしいな

・白い砂は山に振りかけて雪にするよ

・スコップでどんどん深く掘ったら，赤い粘土が出てきたよ

③ 土も使って遊ぼう　　　（材料集め）

・運動場の砂は白くてさらさらだよ

・崖の斜面は赤い土で，濡らすと粘土みたいだよ

・木の下の土はふわふわで黄土色だよ

・池の泥は黒っぽいよ

・色の違う土を順番にバケツに入れてぎゅうぎゅう押してからひっくり返すとしましまの模様ができるよ

➡指導ポイント①

・道具は使わず，裸足になって体全体を使った砂遊びをする

・手足を使って容易に掘ったりすくったりできるように，事前に砂場を耕しておく

・砂の感触を確かめられるように手足で触ってどのように感じたかその場で発表させる

➡指導ポイント②

・安全に留意して，仲よく砂場遊びができるように，生活科の時間などに砂場遊びのルールについて話し合いをさせ，きまりを守って遊ばせる

・ダイナミックな造形活動ができるように，バケツやスコップは大ぶりなものも用意しておき，児童の求めに応じて使えるようにする

赤い土は粘土みたいだよ

➡指導ポイント③

・砂や土を素材として見ることができるように，校庭の砂場以外の場所の砂や土の色や触り心地を確かめさせる

・土は校庭の採取可能な場所から取ってくる

・「やってみて分かったのは…」「次は…」とワークシートに振り返りをかかせ，次時につなげる

④　砂場でつくって遊ぼう
　　　　　（砂や土の生かし方を考える）
・バケツで型取りして，ケーキをつくって飾りも付けよう
・トンネルを掘るときは，砂が少し湿ってるほうがくずれてこないよ
・大きい山をつくるときは，始めに赤土でつくってその上から砂でつくると壊れにくいよ
・ぎゅっと固めた砂を削って，生き物の形にするよ
・色々な種類の砂や土でつくった山にトンネルを掘ったら，トンネルの中の色がカラフルだよ
・水がたまったところの泡をすくって，ケーキのクリームにするよ

⑤　みんなで砂場を大変身させよう
　　　　　（つくりたいものをつくる）
・自然がいっぱいある，私たちの町だよ
・友人と一緒に座れるくらいの大きな山をつくりたいな
・山の周りに川をつくって，隣りの山とつなげよう
・大きな穴を掘って海にして，船を浮かべよう
・大きな山にはみんなの家がいっぱいあるよ

⑥　大変身した砂場を見て回ろう　　（鑑賞）
・砂場が大変身したね
・友人と一緒だと，すごく大きい山ができたよ
・違う色の砂があって，カラフルだね
・中に入って遊ぶと楽しいよ
・みんながつくったものが，全部つながっているよ
・他の学年の友人にも見せたいな

○指導ポイント④
・色や手触りの違う砂や土をどのように使ったら，自分の思うようなものがつくれるか事前に考えさせ，活動の見通しをもたせるようにする
・思うようにできなくて試行錯誤している児童には，同じような活動をして，うまくいっている児童の様子を参考にさせる
・新たなアイデアがひらめいた児童の「あ，いいこと考えた」というつぶやきは，その後の様子も含めて学級全体に紹介する
・活動の終わりには，みんなが何をつくったか見て回らせ，感想を話し合わせる
・「できるようになったことは…」，「次にやりたいことは…」をワークシートにかいて次時の活動につなげる

○指導ポイント⑤
・砂や土でできるようになったことを確認させ，友人と全体を何に「大変身」させたいか話し合わせる

絵画
立体
工作
造形遊び
鑑賞

カラフルな山は座り心地がいいよ

（高沢　美砂子）

㉔ はじめてのてんらんかい
～きれいな色・おもしろい形をたくさん見つけよう～

題材の紹介

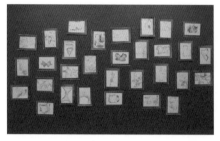

　ステンシルで作品をつくり，参観日に鑑賞会を行った。ステンシルは絵を思うようにかくことのできない1年生の児童にとって，失敗が少なく，扱いやすい表現方法である。また，技術的な差が生まれにくいため，鑑賞するのに適している。型紙をクレヨンで浮き出させるので，色の美しさや形のおもしろさを感じ取りやすい。

　参観日に保護者から作品をほめてもらうことで，自分の表現に自信をもつことができる。「友達にもほめてもらいたい」「自分も友達のよいところを見つけたい」と思うだろう。また，多面的な見方ができるよう，保護者とは違う視点で担任からも作品をほめ，作品にはたくさんよいところがあると感じられるようにする。

　最後に，友人の作品を鑑賞し，作品のよいところを伝える展覧会を行う。友人の表現のよさに気付いたり，自分の表現に自信をもったりして，鑑賞することが好きになる題材。

3時間完了

1　目　標

・赤や青，尖った形や丸い形などの身近な色や形が，どんな感じに見えるのか理解することができる。　　　　　　　　　　　　　　　　　　　　　　　　　　　　　（知識及び技能）

・自分や友人の作品を鑑賞して，色の組み合わせの美しさや，形を見立てるおもしろさを感じ取ることができる。　　　　　　　　　　　　　　　　　　（思考力，判断力，表現力等）

・保護者や教師，友人から自分の表現のよさを認められ，楽しく鑑賞することができる。
　　　　　　　　　　　　　　　　　　　　　　　　　　　　（学びに向かう力，人間性等）

2　準備物等

教師：付箋（少し大きめのもの），油性ペン

　　　　コメントの記入後に作品裏に貼って残すため。

　　　　両面テープ付マグネットシート（小さくカットしてあるものだとすぐに使うことができて便利），額縁の形にくり抜いたカード

児童：ハガキ大ほどの画用紙で製作した作品，セロハンテープ，はさみ，カッターナイフ

3　評価シート　はじめてのてんらんかい

評価項目	評価場面	評価規準	評価
知識・技能	①	赤や青，尖った形や丸い形などの身近な色や形が，どんな感じに見えるのか言葉で表すことができる。	
思考・判断・表現	②③	自分や友人の作品を鑑賞して，色の組み合わせの美しさや，形を見立てるおもしろさを感じ取れる。	
主体的に学習に取り組む態度	⑤⑥	保護者や教師，友人から自分の表現のよさを認められ，楽しく鑑賞に取り組もうとしている。	

授業づくりのアドバイス

　小学校低学年，初めての鑑賞の授業として実践を行いました。自分の作品を素敵だと認めてもらえる喜びを感じてほしいと考え，保護者の方にも協力していただくことにしました。

　本学級には「表現したいものを上手にかけない」と泣き出してしまう児童や「何をかいたらいいか分からない」と固まってしまう児童もいたので，鑑賞する対象の作品づくりは即興的にできるステンシルを選びました。指導過程①〜③の作品製作を１時間，指導過程④，⑤で１時間とし，参観日に行いました。保護者から温かいコメントをもらい，「ほめてもらってうれしい」という気持ちが，自分でも友人のよさを見つけたい思いにつながります。

　また，ステンシルで偶然できた模様や色は，自分が思っているよさと，他者が感じたよさが違うかもしれません。同じでもうれしいし，違いに気付くことも楽しめるのではないかと思います。

　手軽に楽しむことができますので，ぜひチャレンジしてみてください。

4 指導過程

① ステンシルの作品をつくろう　　（導入）

- どんな形にしようかな
- 紙の角を使うと山の形がたくさんできたよ
- 黄色と青色が混ざったよ。緑色になったところもきれいだな
- いつものクレヨンと使い方と違うから，色がふんわりしているね
- 2枚目はたくさんの色を使ってみようかな

② 展覧会の絵を決めよう　　　　（表現）

- たくさんの色を使ってカラフルにできたから，私は2枚目がお気に入りだよ

③ 額に入れる向きを決めよう　　（表現）

- 波みたいに見えたから，こっちを上向きにしよう
- ぼくの絵も額に入れたいな

④ 額に入れよう　　　　　　　　（表現）

- テープでくっつけるのは，おうちの人に手伝ってもらおう（裏からテープで固定するのは難しいので保護者の力を借りる）

⑤ おうちの人から「ほめほめタイム」
　　　　　　　　　　　　　　　　（鑑賞）

- お母さんが「濃い色と薄い色が混じっていてすてき」ってかいてくれてうれしいな
- 波のつもりだったけど，お父さんから「山みたいでかっこいいね」ってほめられたよ。たしかに，山にも見えるなあ
- たくさんほめてもらえて嬉しいな

➡指導ポイント①

- 鑑賞に使う作品を2枚程度つくる
- 短時間で作品を仕上げること，絵の技能ではないところでよさを見つけられることを考慮し，本実践ではクレヨンでのステンシルを扱った。時間に余裕があれば，絵の具を使ったデカルコマニーもおもしろい

➡指導ポイント②③

- お気に入りの1枚を決める。選んだ理由が自分なりにあるとよい。記述できるのであれば，選んだ理由をかき残しておく
- 向きによって作品の印象が変わることを見せる。向きを決めるところを児童と一緒に考え，額に入れる。「みんなの作品も額に入れて，展覧会をしよう」と声をかけ，意欲を高める

➡指導ポイント④

- 額はあらかじめ教師が用意しておく。フリー素材の額縁をカラー印刷し，カッターナイフでくり抜いておく。額はイラストより写真のほうが，雰囲気が出る

➡指導ポイント⑤

- ○○に見えてかっこいい，色の使い方がやさしい感じがする等，作品のよさを具体的に伝えてもらえるよう，保護者に依頼する。付箋にかき，作品の裏に貼ってもらう

⑥ 「ほめほめタイム」を振り返ろう
（鑑賞）

・たくさん色を使ってカラフルにしたところ
が，自分でも気に入っていたよ。お母さん
も同じところをほめてくれてうれしかった
よ

・ぼくは失敗しちゃったと思ったところだけ
ど，お母さんは「色が混ざってきれいだ
ね」ってほめてくれたよ

・この絵はたくさんいいところがあるんだな
って思ったよ

・お父さんには私と違うように見えていたか
ら，びっくりしたよ

・友人の作品も見て，いいところを見つけた
いな

⑦ みんなで展覧会をしよう （鑑賞）

・この作品は紙いっぱいに丸の形があって，
ボールみたいだね

・私はボールじゃなくて，真ん中の形が砂時
計に見えたよ

・ぼくは，緑と青が混ざったところの色が好
きだよ

・これはＡくんの作品だったんだね

・次は色がたくさん使ってあって，とっても
カラフルだよ。誰の作品かな

・みんなの作品のいいところを，たくさん言
いたいな

・友人からもほめてもらえてうれしいな

➥指導ポイント⑥

・参観後，絵を回収し，担任からも保護者と
違う視点でかいたコメント付箋を付けて返
す。1つの作品でも多面的な見方ができる
ことや，たくさんほめてもらえるところが
あるのだと感じられることを期待する

・うれしかったコメントを紹介し合い，自分
も友人の作品のよさを見つけたいという気
持ちを高める

➥指導ポイント⑦

・小さなマグネットシートを貼っておき，全
員の作品を黒板に並べて掲示する

・誰の作品かを伏せたままで，順番にいいな
と思ったところを伝えていく。よさを伝え
終えてから作者名を呼び，みんなで拍手を
送る

・よさを感じた理由を具体的に伝えることが
できた子を認め，伝え方の手本とする

実際の児童の作品

（小田 純子）

絵画 立体 工作 造形遊び 鑑賞

㉕ リノリウム板を利用した多色刷り

題材の紹介

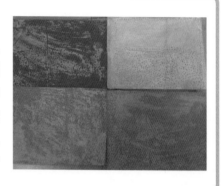

　リノリウム板は，大変やわらかいため手先に力が入りにくい児童でも，油性ペンや凹凸のある小物を利用して模様をつくって版をつくることができる素材である。自分で紙や絵の具の色を選びながら，版画ができ上がっていく楽しみや達成感をもつことができる題材。

6時間完了

1　目　標

・版に凹凸を付ける道具を選び，持ち方や押さえ方を自由に考えながら版をつくる活動に取り組むことができる。　　　　　　　　　　　　　　　　　　　　　　　　　　　　（知識及び技能）

・自分や友人の作品の色や模様のよさを見つけて，話したり，伝えたりすることができる。

（思考力，判断力，表現力等）

・多色刷りの表し方を見て色の組み合わせを考えたり選んだりして，刷るごとに仕上がりを楽しもうとする。　　　　　　　　　　　　　　　　　　　　　　（学びに向かう力，人間性等）

2　準備物等

〈版をつくるとき〉

教師：見本の版と版画，リノリウム板（Ａ４サイズ）

児童：児童が持ち慣れているもの（つみき，ブロック，スプーン等），　油性ペン

〈版を刷るとき〉

教師：八ツ切色画用紙５〜６色，ばれん，乾燥棚

児童：水彩絵の具，太めの筆，パレット，筆洗，手拭き用布巾，セロハンテープ，汚れてもいい服装

※のびのびと作業できる広い場所で行う。

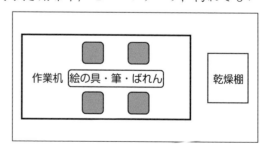

教室内の環境

❸ 評価シート　リノリウム板を利用した多色刷り

評価項目	評価場面	評価規準	評価
知識・技能	②	版に凹凸を付ける道具を選び，持ち方や押さえ方を自由に考えながら版をつくる活動に取り組むことができる。	
思考・判断力・表現	③④	自分や友人の作品の色や模様のよさを見つけて，話したり，伝えたりできる。	
主体的に学習に取り組む態度	③	多色刷りの表し方を見て色の組み合わせを楽しもうとしている。	

授業づくりのアドバイス

　本校には，自閉・情緒障害児学級1学級，肢体不自由児学級2学級，知的障害児学級が1学級あり，4学級合同で授業をすることもあります。一緒に活動することで，筆を持つことが難しい児童には，できる児童と取り組ませ，代わりに筆を持った友人に自分が選んだ色を版に付けてもらったり，刷ってもらったりして，児童同士の関わりをつくることができ，児童同士も楽しく取り組むことができます。

　「多色刷り」は，高学年の教育課程で，長い工程が必要です。その過程でどんなことでやる気が出て，どんなことでブレーキがかかってしまうのか，一人ひとり違います。また興味・関心の広がりにくい面があるので，教師が柔軟に考えを広げていくことも大切です。

　今回は，教材を工夫し，リノリウム板にすることで，どの児童も安心して版をつくることができました。新しい道具を使い，紙の色や絵の具の色を選ぶことで，児童は，活動を主体的に楽しみ造形意欲を持続することができました。ペアやグループ活動にすると，自分の作品はもちろん，友人の刷り上がる画面の仕上がりも一緒に楽しみにする表情が見られました。

　でき上がりを見て，○○に見えるという感想をもつことも大事です。日頃から，「○○に見える」「○○のよう」という言葉を聞かせてイメージをもたせていきたいと考えています。みんなの作品が並ぶと迫力のある大きな作品になり，なかなか味わい深くおもしろいです。

4　指導課程

① 　見本の版と版画を見せ，課題の確認をしよう　　　　　　　　（イメージづくり）

- 版は凸凹が付いているね
- いろんな色が付いているね
- ○○に見えるね

② 　リノリウム板で，版をつくろう　（表現）

- 爪でも跡が付くね
- 油性ペンでかいたところが凸凹してるね
- たくさん線をかいたら，もっと凸凹してきたよ
- 道具を２つ使って組み合わせたら，いい模様ができたよ
- 太陽みたいに元気にかいたよ
- 花火をかきたいから，道具を組み合わせてつくってみよう
- どんな模様になるか心配だから，試してみよう

③ 　印刷しよう　　　　　　　　　　　（表現）

- 絵の具が服に付くと嫌だから汚れてもいい服に着替えよう
- 絵の具が手に付くと嫌だから，手拭き用の布巾を準備しよう

⮕指導ポイント①

- リノリウム板と、版画に直接触れさせることで、表面の凸凹やざらざらした感じを受け入れているか、興味・関心をもてたかを確認する

⮕指導ポイント②

- 試し用のリノリウム板を触ることで，硬さややわらかさを感じさせる
- 力の入れ方を調整できるように両手や体の体重を利用して押さえる方法を演じ，自分の力でできる範囲で版をつくれるよう支援する
- 持ち慣れたものや持ちたくなるような道具を準備する
- 児童が表したいことを大切にして，指導を進める
- ペンを持つことができれば，持ち方にこだわらず体全体を使ってでも，ダイナミックにかくことを優先させ，偶然できた形や跡を大切にする
- はみ出てもいいように下にも紙を敷く

体全体を使ってかく

⮕指導ポイント③

- 実際に筆を使用して絵の具を混ぜ，色が変色する様子を見せ，自分でも安心して挑戦できるように示す

116

- ・色画用紙は何色にしようかな
- ・絵の具は何色にしようかな
- ・ぬりぬり，ぺたん，ごしごしを3回繰り返してみよう
- ・色が重なって違う色になったよ
- ・凸凹の模様がおもしろいね
- ・○○さんの色がおもしろいから，貸してもらおう
- ・版の端まで色を付けていくと，隅のほうまで色が出るね
- ・3つ目の色を付けてごしごししたら，色が変わって○○みたいになったよ

腕をダイナミックに動かす

④　完成した作品を見てみよう　　（鑑賞）
- ・目が付いているようだから動物に見えるね
- ・色々な色の作品ができてどれも素敵だね

⑤　市内で行う「作品展」のポスターとして掲示して多くの人に見てもらおう　（鑑賞）
- ・○○に見えるねと言われてうれしかったよ
- ・色がたくさんあって元気が出るね

- ・児童が自由に混色できるように，使用する絵の具は3色にし，版より大きめの色画用紙を用意する
- ・台紙がずれないよう版をテープで固定する
- ・「ぬりぬり，ぺたん，ごしごし，ぴらーり」と，手順にリズムを付けて歌いながら説明し，楽しくできるようにする

手足が不自由な児童も一緒に活動する

色を付ける場所を工夫した版画

- ・色を付ける場所を工夫すると，1つの版から色々な版画ができることを，児童の作品で手本で示す

◯指導ポイント④
- ・一緒に参加した教師や介助員の意見も取り入れ多くの言葉を大切にする
- ・言葉が理解できる児童には，作品から受ける発想を広げるような言葉かけをしていく

◯指導ポイント⑤
- ・作品に記名し，自分のものであることを実感させる
- ・それぞれのポスターは，本人が見やすい位置に掲示する

（髙木　香理）

㉖ かみぐるみをつくろう

題材の紹介

　大きく絵をかくこと，はさみを使うこと，立体を意識することが苦手な児童が，自信をもって取り組むことができる。また，平面が立体になるおもしろさを実感でき，作品が完成した後，自分の作品に愛着をもつことができる題材。

6時間完了

1　目　標

・大きな紙を丁寧に切ったり，のり付けしたりすることができる。　　　　　　（知識及び技能）

・かみぐるみにしたい絵を考え，自分で工夫したりまねたりしながら，絵をかくことができる。

（思考力，判断力，表現力等）

・自分の作品について友人に伝えたり，友人の作品のよさを見つけて，友人に伝えたりすることができる。　　　　　　　　　　　　　　　　　　　　　　　（学びに向かう力・人間性等）

2　準備物等

教師：かみぐるみの見本

　　　例：児童が興味をもち，抱きかかえたくなるようなモチーフを選ぶ。

　　　　　簡単な直線や曲線でかける見本にする。

　　　　　3色程度で色を塗れるものにする。

　　　ぬいぐるみ，A4コピー用紙，洗濯ばさみ・クリップ，モチーフの参考になる絵本やイラスト，拡大コピー機，模造紙（1人2枚），チョーク，ジャンボ絵の具，シュレッダーにかけた細かな紙，振り返りカード

児童：参考にしたい絵（あれば），はさみ，のり

大きくでき上がることで，愛着がわきます。

完成した作品を持って

❸　評価シート　かみぐるみをつくろう

評価項目	評価項目	評価規準	評価
知識・技能	⑤	正しくはさみを持ち，滑らかな切り口にすることができる。	
	⑦⑨	のりを中指で扱ったり，適量で塗ったりすることができる。	
思考・判断・表現	③④	かきたいモチーフを決め，なぞったり，見てかいたり，自分の力でかいたりして，かきたいものを表現することができる。	
主体的に学習に取り組む態度	⑩	自分の作品のよいところや，友人の作品のよいところを見つけて伝えようとしている。	

授業づくりのアドバイス

　この題材は，今までに培ってきた絵をかく力やのりやはさみを使う力が気負いなく発揮できるとともに，身近な材料でつくることができます。また，特別支援学級には絵をかくことが苦手な児童も多いですが，自分でかいた絵が拡大コピー機で大きくなることで，自分の絵に愛着をもつことができます。さらに，平面だった紙が，中身を詰めることで立体になり，自分のかいた絵が動き出すような喜びもあります。

　特別支援学級では，のりの付け方やはさみの使い方などを，繰り返し教えていくことが大事です。また，苦手なことを頑張らせる場面と，教師が指導法を工夫することでカバーできる場面を一人ひとりに応じて意識することが必要です。

　特別支援学級の掲示コーナーをつくり，いつも全校児童に見てもらっていました。作品が変わるごとに反響があり，作品を見た先生や交流学年の友人が声をかけてくれることが，児童にとって新たな作品に取り組む力になりました。

特別支援学級の掲示コーナー

4 指導過程

① 見本を見て，どんなかみぐるみをつくりたいか考えよう　　　（イメージづくり）

自分が持っているぬいぐるみを思い出し，抱きかかえたくなる作品をイメージする。

・ふわふわしている

・犬のぬいぐるみを持っているよ

② つくりたいかみぐるみを考えよう　　　　　　　　　（モチーフを決める）

・飼っているハムスターのかみぐるみをつくりたいな

・水族館で見た，魚をかきたいな

・プリンセスが好きだから，ドレスを着た女の子をかきたい

③ 絵をかこうⅠ　　　　　　　　　　　（表現）

Ａ４用紙にかく。

ア　自分でかく

イ　絵本やイラストを見てかく

ウ　写してかく

かいた絵を拡大コピー機で拡大する。

④ 絵をかこうⅡ　　　　　　　　　　　（表現）

拡大した紙をチョークで模造紙に写す（表）。

拡大した紙を裏返し，輪郭を写す（裏）。

しっかり乾かそう

➲指導ポイント①

・はじめに，ぬいぐるみを見せ，かみぐるみのイメージをもちやすくさせる

・自分のつくりたいぬいぐるみを，紙でつくることを伝え，興味をもたせる

・ぬいぐるみとかみぐるみのモチーフを同じにするとイメージをもたせやすい

➲指導ポイント②

・モチーフを決めることができない児童には，好きなものの話を聞き取ったり，絵本やイラストを見せたりすることにより，つくりたいものを自分で決めることができるように支援する

・最後まで自分の力でつくり続けられるものを選ぶことができるよう支援する

➲指導ポイント③

・できるだけＡ４用紙いっぱいにかかせるが，絵をかくことが苦手な児童には，大きさを問わずかかせ，教師が絵を拡大コピーする

・後で模造紙にかき写すので，線でかかせる

・絵をかくことが苦手な児童には，かきたいイラストをコピーしたものを写し取らせたり，見本をかき写させたりする

➲指導ポイント④

・やわらかいチョークでかかせる

・後ろ側のイメージがつかみにくい場合は，表と同じ絵にさせる。または，裏に絵をかかない

⑤　絵を切り取ろう　　　　　　　　（製作）

　輪郭の外5㎝を目安に切り取る。

⑥　色を塗ろう　　　　　　　　　　（製作）

　丁寧に色を塗る。

⑦　周りを貼りつけよう　　　　　　（製作）

　中指で。

　ずれないように。

　しっかりと。

⑧　中身を詰めよう　　　　　　　　（製作）

・シュレッダーにかけた紙を詰める。

⑨　詰め口を貼りつけよう　　　　　（製作）

⑩　友人の作品を鑑賞しよう　　　　（鑑賞）

　自分の作品を振り返る。

　気に入っているところ。

　友人に見てほしいところ。

　友人の作品のよいところを見つける。

・絵がかわいいね

・きれいに切ってあるよ

・色がきれいだね

こんな作品つくったよ

⮕指導ポイント⑤

・のり付け部分を考慮し，輪郭の外5㎝を目安に切り取らせる

・中身を入れたときにきれいにふくらむように細かいところは切り取らず，全体的に丸く切り取らせる

⮕指導ポイント⑥

・線を潰さないように，丁寧に色を塗らせる

⮕指導ポイント⑦

・表と裏がずれないように，洗濯ばさみやクリップで留め，少しずつのり付けさせる

・中身を詰めたときに，破れないようにしっかりと貼りつけさせる

・中身を詰めるため，手が入る程度のりを付けない部分を残しておく

⮕指導ポイント⑧

・詰め口が破れやすいので丁寧に詰めさせる

⮕指導ポイント⑨

中身を慎重に詰めるよ

・立体になっているので貼りつけにくいため2人1組で行わせる

⮕指導ポイント⑩

・自分の作品のよさとともに，友人の作品のよさも見つけられるよう支援する

・自分の言葉で伝えるよう支援する

・たくさんの人に見てもらえるように，掲示する

（澤田　まなみ）

㉗ できたよ，とばすよ，みんなで GO!
～筒を利用したリサイクル工作～

題材の紹介

　「紙ジャイロ」の形をもとにサランラップの芯などの筒を利用して，「ロケット」や「鳥」などをイメージし，準備した紙やシールを使用して作品に仕上げる。そして，できた作品を紐に通して，飛ばしたり，ゴールまで一緒に移動したりして活動する題材。　　　　　　　　　　　　　　　　**4時間完了**

1　目　標

・身近な材料を使い，つくりたいものに合わせて表し方を工夫してつくったり，飛ばす活動をしたりすることを楽しむことができる。　　　　　　　　　　　　　　　（知識及び技能）

・友人や自分の発想のおもしろさや，つくったもののよさを感じることができる。また，作品や飛ばす様子を見ようとする。　　　　　　　　　　　　（思考力，判断力，表現力等）

・手や体全体の感覚を働かせながら，活動に参加しようとする。　（学びに向かう力，人間性等）

2　準備物等

〈計画するとき〉

児童：持ち物プリント

〈つくるとき〉

児童：ラップやアルミホイルなどの芯，好きなキャラクターの付いた紙やシール
　　　（家庭連絡して児童と一緒に準備してもらう）
　　　はさみ，のり，セロハンテープ，筆記用具，両面テープ，シール
　　　色画用紙，水性ペン，油性ペン等

〈飛ばすとき〉

教師：7～8メートルくらいの紐，タフロープ等
　　　はさみ，テープ，筒を通すための割りばしくらいの棒
　　　鑑賞用言葉カード
　　　※のびのびと活動できる広い場所を確保する。

つくりたいもの		
作品のなまえ		
もちもの		
お家の人のサイン	◯	

持ち物プリント

3 評価シート　できたよ，とばすよ，みんなで GO！

評価項目	評価場面	評価規準	評価
知識・技能	③④⑤	身近な材料を使い，つくりたいものに合わせて表し方を工夫してつくったり，飛ばす活動をしたりすることを楽しむことができる。	
思考・判断・表現	⑥⑦	友人や自分の発想のおもしろさやつくったもののよさを感じることができる。また，作品や飛ばす様子を見ることができる。	
主体的に学習に取り組む態度	③⑤	手や体全体の感覚を働かせながら，活動に参加しようとしている。	

授業づくりのアドバイス

　日頃から，リサイクル工作の材料を教師が準備しておくことが多いですが，保護者の協力を得ることは，児童にとっても，家族と一緒に準備したという気持ちになり，楽しく製作に取り組ませるためには，大変効果的です。製作のときは，のり，はさみを使うことが困難な児童には，シールや両面テープを利用して，安心して取り組めるようにします。

　肢体不自由児にとって腕を肩まで上げること，ましてや頭の上まで上げることは，1人では大変な困難が伴います。しかし，この活動では，自分でつくった作品を，友人の作品のように高いところをロケットのように飛ばしたいと思えるよう心を動かすことができます。一人ひとりの表情を見ていると，普段聞かれない声を聞いたり，いつもと違う笑顔を見たりすることで，興奮している様子が分かります。知的障害学級や自閉・情緒障害学級の児童と合同で学習することで，紐を持ったり，飛ばし方をお互いに見合ったり手助けをしてもらったりと，協力して活動する様子をたくさん見ることができました。個々の製作が多い図画工作科ですが，作品を通じて児童同士の関わりを増やしていけるとよいと思います。

4 指導過程

① **手本を見て，活動内容を知ろう**

　　　　　　　　　　　　（イメージづくり）

・ロケットみたいにしよう

・鳥みたいに羽を付けたいな

・自分にもできるかな

・やってみたいな

・できた，うれしい，早くつくりたいな

② **自分で準備するものを，持ち物プリントにかいて，おうちの人に知らせよう（準備）**

・うまくかけないな

・できた子にかいてもらおうね

・できるところだけかけばいいよ

・かくから，教えてくれる

・シールあるかなあ

・お母さんに言いたいな

③ **自分で準備した材料を使って，製作をする**　　　　　　　　　　　　　**（表現）**

・丸いから貼りにくいな

・鳥みたいにしたいな

・シールはどこに貼ろうかな

・材料は持ってきたけど，どうするのか分からない

・切って，折って，貼って，切り込んで，次はどうしようかな

・○○さんみたいにつくりたいな

・○○さんのは，かっこいいな

④ **作品に名前をつける**　　　　　　**（表現）**

・つくったけれど，何にすればいいのか分からない

・○○にしたらどう？

・何に見える？

・友人に聞いてみよう

➡**指導ポイント①**

・手本を持たせ，大きさや硬さなどを一人ひとりに確認させる

・手本を紐に通して実際に飛ばしたり，動かしたりして，意欲を高める

・紐の高さを児童の腕の位置に合わせて調整し，みんなが取り組めるようにする

➡**指導ポイント②**

・つくり方の手順を知らせ，必要な材料を考えさせる

・文字をかくことができる児童には，板書を写させたり，必要なものを言葉で言わせてから文字で示したりする支援を行う

・連絡帳でも家庭への連絡を行い，身近なものを利用してつくることを知らせ，一緒に準備をしていただくようお願いする

➡**指導ポイント③**

・自分で材料を準備した児童をほめる

・筒の大きさの違いを示し，必要な紙の大きさを確かめる

・丸い部分に貼るので，紙の隅々までしっかりのり付けするよう声をかける

・はさみで切るところに線を引いて切りやすいよう支援する

製作しながら遊びを見つけた児童

・つくりながら楽しみを見つけたら紹介する

➡**指導ポイント④**

・できた作品をチェックし，○○みたいだね，と声をかける

・いろんなものに見えるけど，やっぱり○○にしよう

⑤　自分でつくった作品を紹介して，飛ばしてみよう　　　　　　　　（表現）

・1人で紹介するのは，恥ずかしいな

・腕を肩まで上げると，よく見えるね

・腕を少し後ろに引いて，力を込めて，早く前に動かすと，かっこいいね

・ゴールまで行けるか心配だな

・作品のいいところ，うまく紹介できるかな

取っ手を付けた作品

⑥　友人の作品と交換して飛ばしてみよう　　　　　　　　（鑑賞）

・友人の作品を飛ばしてみたいな

・よく飛んでいたから，あの子の作品を借りてみたいな

⑦　友人に，作品の感想を伝えよう　　　　　　　　（鑑賞）

・何となく言いたいことはあるけれど，どう言えばいいのかな

・たくさん伝えたいことがあるな

・友人が言ったことと同じだった

・友人の感想を聞いて，うれしくなったよ

・できた作品をみんなの前で1つずつ紹介し，他の児童の意見を引き出す

⊃指導ポイント⑤

・作品の名前と工夫したところやがんばったところをみんなの前で発表させる

・肩の高さまで腕が上がるよう，紐の高さを調節したり，作品に取っ手を付けて持ちやすくしたりしておく

腕が上がるように合わせた紐の高さ

⊃指導ポイント⑥

・借りたい理由を聞き取り，児童同士の関わりが深まるよう導く

・飛ばし方が上手な児童を紹介し，腕を上げて飛ばすよう導く

⊃指導ポイント⑦

・児童が発した言葉をカードにして使い，児童の思いを引き出す

・カードを見せて，同じ思いの児童に挙手をさせるなどして思いをつなげ，つくった児童が満足できるようにする

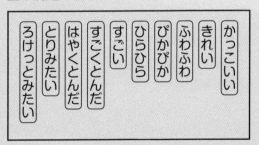

鑑賞用言葉カード

（髙木　香理）

おわりに

1 実践，ここにあります

　愛知県内から集まってきた実践に目を通していて，日々，真摯に授業に取り組む教師の様子がありありと浮かんできました。そして，読み進むうちに，私自身がその実践に取り組んでみたくなったり，ときには児童生徒として授業を受けたくなったりしました。授業をして，担任をして，部活動をして，様々な会議や事務仕事に追われて……。そんな毎日の中で，取り組んできた貴重な実践事例がここにあります。気に入った実践事例を丸ごとまねしてみるもよし，授業づくりのヒントにするもよしです。ぜひ，手に取ってご活用ください。

2 今，そこにある危機

　今，日本が培ってきた造形教育が衰退していくことを心配しています。かつて，図画工作・美術の授業時間が大きく削減され，美術教師の採用が減りました。今，少子化の波の中で，さらに美術教師が減っています。非常勤の教師が増え，市町にポツリポツリとしかフルタイム勤務の教師がいなくなりました。市町から造形教育を研究する組織が消えたり，研修をする機会がなくなったりしました。また非常勤の教師は，もともと研修する機会も，授業を研究する時間もありません。当然のように，造形教育の指導技術は低下します。

　私の勤務する地区のように，小規模な学校の多い地区は，フルタイム勤務の美術教師が必要なくなり，多くの中学校が非常勤の教師になりました。5中学校のすべてが非常勤という町もあります。小中学校11校を合わせても，美術免許を持つフルタイムの教師は2人しかいないというのが現実です（前年はたった1人でした）。

3 希望という名の列車に乗って

　本書が，他校の先生方の事例に触れるよい機会になればと願っています。新任や少経験の教師が授業づくりに困って，パラパラとページを繰るうちに授業の方向が固まったり，目に留まったヒントから授業を改善するきっかけになったりするのもよいと思います。困ったときには，実践事例集からそのまま指導案をつくってもらってもよいと思います。

　授業づくりの参考になり，それが自信をもって授業に臨むことにつながったり，他校に造形教育に励む教師がいることに元気づけられたりしたら，幸いです。

　図画工作・美術は児童生徒の心を培う大切な教科です。美術科の教師，美術に興味のある教師が，手を取り支え合って，未来の造形教育を担っていくことを願っています。

編者

執筆者一覧

竹井　　史　同志社女子大学

中村　僚志　刈谷市立刈谷南中学校

長坂　博子　岡崎市立生平小学校

渡邉　　薫　美浜町立布土小学校

河村　春那　名古屋市立野跡小学校

近田　　彩　豊橋市立牟呂小学校

實松　理沙　岡崎市立六ツ美中部小学校

石原　知加　一宮市立今伊勢小学校

加藤　良太　豊橋市立吉田方小学校

清水　和美　幸田町立中央小学校

坂　　泉美　名古屋市立松原小学校

高宮　倫子　刈谷市立平成小学校

桃野修太郎　愛知教育大学附属岡崎小学校

神谷由紀子　高浜市立吉浜小学校

武田　敬介　稲沢市立稲沢西小学校

鳥居　光世　岡崎市立常磐中学校

原田　健一　新城市立東郷西小学校

風間　麻衣　知多市立旭北小学校

宇野　理恵　豊田市立上鷹見小学校

山田　知子　豊田市立明和小学校

家村あゆみ　西尾市立一色東部小学校

溝口小由利　稲沢市立国分小学校

杉浦　克俊　豊橋市立鷹丘小学校

高沢美砂子　幸田町立豊坂小学校

小田　純子　蒲郡市立形原小学校

髙木　香理　日進市立香久山小学校

澤田まなみ　大府市立石ヶ瀬小学校

【監修者紹介】

竹井　史（たけい　ひとし）

同志社女子大学現代社会学部現代こども学科教授。筑波大学人間総合科学研究科後期博士課程満期退学。愛知教育大学創造科学系教授，同附属名古屋小学校長などを経て現職。専門は，美術教育学。文部科学省「図画工作用具で扱う材料や用具」作成協力者。図画工作科教科書（日本文教出版）企画及び著者など。

中村　僚志（なかむら　りょうじ）

愛知教育大学大学院を修了後，昭和61年4月より刈谷市立小中学校に勤務。平成17年から5年間，愛知教育大学附属岡崎小学校に勤務。刈谷市教育研究会造形部部長，三河教育研究会副部長，愛知県造形教育研究会会長などを勤め，現在は刈谷市立刈谷南中学校に勤務。

【編著者紹介】

長坂　博子（ながさか　ひろこ）

愛知教育大学大学院を修了後，平成5年4月より岡崎立小中学校に勤務。平成17年から3年間，愛知教育大学附属岡崎中学校に勤務。岡崎市教育委員会，三河教育研究会造形部副部会長，愛知県造形教育研究会理事などを勤め，現在は岡崎市立生平生学校に勤務。

【著者紹介】

愛知県造形教育研究会

尾張地区と三河地区の造形部の会員で組織されている。毎年各地区で行われた実践の成果を発表し協議をして，授業力の向上や新たな実践開発などを推進している。令和元年度には，全国造形教育連盟と日本教育美術連盟とともに第55回愛知県造形研究協議会を開催した。

指導から評価まですべてが分かる！
新学習指導要領対応
小学校図工テッパン題材モデル　低学年

2020年5月初版第1刷刊　©監　修　竹井　史・中村僚志
　　　　　　　　　編著者　長坂博子・竹井　史
　　　　　　　　　著　者　愛知県造形教育研究会
　　　　　　　　　発行者　藤　原　光　政
　　　　　　　　　発行所　明治図書出版株式会社
　　　　　　　　　　http://www.meijitosho.co.jp
　　　　　　　　　（企画）木村　悠（校正）川上　萌
　　　　　　　　　〒114-0023　東京都北区滝野川7-46-1
　　　　　　　　　振替00160-5-151318　電話03(5907)6703
　　　　　　　　　ご注文窓口　電話03(5907)6668
＊検印省略　　　　　　組版所　株式会社木元省美堂

Printed in Japan　　　ISBN978-4-18-352514-7
もれなくクーポンがもらえる！読者アンケートはこちらから